Abécédaire de l'engagement

Du même auteur

Malgré tout. Contes à voix basse des prisons argentines, La Découverte, 1982.
Transferts. Argentine, écrits de prison et d'exil (en collaboration avec Francisco Sorribès Vaca), La Découverte, 1983.
Utopie et liberté, La Découverte, 1986.
La critique du bonheur, avec E. Charlton, La Découverte, 1989.
Cette douce certitude du pire, avec E. Charlton, La Découverte, 1991.
Penser la liberté, La Découverte, 1994.
Le pari amoureux, avec D. Scavino, La Découverte, 1995.
Peut-on penser le monde ? Hasard et incertitude, avec H. Akdag et C. Sekroun, Éd. Du Félin, 1997.
Pour une nouvelle radicalité, avec D. Scavino, La Découverte, 1997.
Le mythe de l'individu, La Découverte, 1998.
La fabrication de l'information, avec F. Aubenas, La Découverte, 1999.
Du contre-pouvoir, avec D. Sztulwark et A. Weinfeld, La Découverte, 2000.
Parcours, Calmann-Lévy, 2001.
Résister, c'est créer, avec F. Aubenas, La Découverte, 2002.
Les passions tristes, avec G. Schmit, La Découverte, 2003.
Che Guevara. Du mythe à l'homme – aller-retour, Bayard, 2003.

Miguel Benasayag
avec Béatrice Bouniol

Abécédaire de l'engagement

Bayard

ISBN 2.227.47414.9

3 et 5, rue Bayard, 75008 Paris

À Mario Roberto Santucho, Roby

Nous vivons l'époque des grands manifestes, des informations terribles et des paroles de dénonciation. Pourtant tous ces récits ne parviennent plus à nous atteindre tellement ils se sont éloignés du réel. Nous restons insensibles, écartelés entre deux impuissances.

Le quotidien, d'un côté, se déroule dans un mouvement de *feedback* tout à fait nihiliste. Nous savons bien qu'il faut aider les SDF, ne pas polluer, lutter contre l'économisme... mais tous ces savoirs ne font jamais le poids face à l'immédiat. L'individu avance dans une sorte de néant, qui ne s'identifie ni à l'hédonisme, ni à l'utilitarisme. Au-delà de la recherche d'un plaisir ou d'un intérêt quelconque, le moteur de l'individu est nihiliste : il ne croit à rien, ne constate rien, il accepte ce néant comme soubassement de sa vie. Il ne rêve pas, ne fait pas d'idéologie, il ne parle que de choses très concrètes, situées au maximum à trois centimètres de son nez. Les mots ne sont pour lui que de petits outils, la langue que de la communication.

De l'autre côté, les grands récits se multiplient, qui ne renvoient à rien dans le quotidien : « l'impérialisme avance », « le néolibéralisme démolit les sociétés », « le désastre écologique met en danger la survie de la planète »… La morale oriente tous ces discours et nous intime d'être solidaires. Nous devrions comparer ce qui arrive concrètement dans notre vie noyée dans le nihilisme à ces idées très abstraites du bien. La réalité est tout autre. Lorsque nous utilisons de grands mots désubstantialisés, nous nous condamnons à faire le contraire de ce qu'ils disent, au mieux ce qui n'a rien à voir avec leurs discours. Certains centrent leur vie sur cet engagement très abstrait et s'éloignent du réel. D'autres, comme les militants, tentent de convaincre les gens que cette morale les concerne. Une personne au chômage pourra entendre ce discours, elle acceptera peut-être de nommer ainsi la catastrophe qui survient dans sa vie. En revanche, dès que son quotidien se retissera, elle se séparera de cette morale trop lointaine. Le mensonge ne tient pas à la relation entre le chômage et le néolibéralisme. Mais la distance est telle, entre le quotidien des gens et la politique pensée en termes moraux, que le lien est forcé. La morale abstraite n'est faite que de mots vides. Rien dans l'existence immédiate des gens ne correspond à ces mots-là, sauf à certains moments de crise très réversibles.

Le désengagement nihiliste côtoie donc un engagement moral abstrait qui nous condamne à la contradiction. Nous demeurons prisonniers de cet étau : au nom de grandes idées morales, s'opposer à la vie et nier l'existence concrète des gens, ou soutenir que nous sommes un tas de molécules qui tient dans une petite vie personnelle. Nous voulons ici poser une tout autre question : comment notre quotidien peut-il devenir éthiquement plus large, plus profond, plus solidaire, au-delà du nihilisme et de la morale ? Comment aller vers le commun et la puissance ?

Ce vocabulaire de l'engagement se voudrait une « boîte à outils » pour aujourd'hui : repenser, réarticuler certains concepts et certains mots au quotidien, élargir cette maille si serrée pour que, dans l'immédiat, il n'y ait pas que du *feedback* individualiste mais aussi un sens propice à des liens. Qu'il soit possible d'expérimenter quelque chose au-delà de nos vies disciplinaires. La subversion ne vient pas de l'adhésion d'individus sérialisés à une morale politique, mais de la révolte contre la discipline et de la création d'autres dimensions de vie. Les mots de l'engagement ont perdu toute force en s'opposant à la vie quotidienne. À partir de pratiques concrètes, nous voudrions leur redonner un peu de substance.

L'engagement dont nous parlons s'éloigne autant du nihilisme quotidien que de la morale du militant triste. Et il n'évite pas l'affrontement. Notre exigence est une action qui s'éloigne de ces deux écueils, qui vise à construire des lignes de force contre le néolibéralisme. Ce livre n'est pas un aboutissement mais un instrument. Loin de toute prétention littéraire, il se place au service de la pratique.

A

ACTION RESTREINTE

L'action restreinte constitue une véritable révolution anthropologique très difficile à assumer. Elle signifie ni plus ni moins : « Occupe-toi de ton action. » Elle balaie une idée que nous avons tous à l'esprit : on s'engagerait toujours pour quelque chose qui nous dépasse, le parti, le pouvoir, une théorie qui finira par englober la diversité de nos actions. C'est pourtant là l'échec de toutes les révolutions. Tenter d'englober des actions multiples ne peut que les séparer. Il est une différence fondamentale, dont ma génération a fait l'expérience douloureuse, entre ce qui nous unit de façon abstraite et ce qui nous est commun ontologiquement. Ma génération a vécu les dangers de l'universel abstrait, contenu dans tous ces grands récits qui prétendaient savoir comment le monde devait être. Pour être applicable, il doit s'opposer au réel, forcément multiple, et entraîne avec lui tyrannie et massacres. Pour unir ceux qu'il a érigés en individus, il ne peut utiliser que la discipline et la répression. L'action restreinte s'oppose à cette prétention de quelques-uns à représenter une globalité transcendante à la situation. Elle refuse cette position supérieure inexistante.

Sans cesse, les militants me mettent en garde contre l'individualisme. Si je décroche de cet universel abstrait, certes, historiquement mortifère, je me retrouve seul, individu égoïste et impuissant. Cette représentation faussée conduit à ce que j'appelle l'engagement triste. Ils sont nombreux à se rendre ainsi à diverses réunions de l'alternative, à tenter d'adhérer par pur volontarisme aux idées abstraites qui leur semblent les moins bêtes ou les moins dangereuses. Le militant va plus loin encore, d'où son caractère irréel. Il se pense comme un individu séparé mais prétend être inclus dans l'abstraction de la Cause. Rien ne peut paraître moins réel que cette vie-là et c'est là la force des dispositifs capitalistes par rapport au militantisme. Celui qui s'engage tristement oublie tout simplement que, au-delà de l'individu et de l'universel abstrait, il existe un troisième niveau, le commun. La question est alors très différente. Comment en tant que singularité se détacher de l'individu et aller vers des couches de plus en plus profondes de soi-même qui seules donnent accès au commun ? Comment trouver le monde dans nos singularités ?

L'action restreinte ne vise pas un universel abstrait mais me permet d'aller vers ce commun. Elle ne peut jamais être jugée sur son extensivité. Qu'elle regroupe trois ou des millions de personnes ne fait pas sa valeur. Elle parle à tout le monde parce qu'elle ne prétend pas parler de tout le monde.

Dans la profondeur de ma singularité, je trouve une expression du même. Je peux alors m'approcher de l'autre, non dans le but d'une alliance de surface mais en découvrant ce qui dans sa singularité exprime la même chose que dans la mienne. Dans mes rencontres avec les intermittents, les magistrats, les psychiatres, les squatteurs, les chômeurs…, il n'est question que de leurs expériences singulières. Au début des années 1990, j'écrivais dans *Cette douce certitude du pire* : « Chacun agit en situation. Il peut y avoir affinité entre les situations mais il ne faut pas parler de coordination trop vite. » Je pourrais reprendre exactement ces mots aujourd'hui. Le commun, contrairement à une certaine pensée de gauche, ne se donne pas dans l'affrontement mais dans la résistance active à l'utilitarisme et à sa forme actuelle, l'économisme. On ne peut jamais lutter globalement contre le capitalisme car sa force est justement de ne pas occuper un lieu central mais chaque situation. La question de notre époque est celle-ci : que signifie la justice sociale dans nos situations ? Un médecin doit se poser la question de la médecine comme modèle disciplinaire, de la signification d'un acte médical, de l'autorité médicale. Le psychanalyste se préoccupera du sens d'une prescription, du rapport à l'autre. Tous deux en viendront à des questions qui touchent l'humanité entière : Qu'est-ce que l'homme ? Au nom de quelle humanité je dis à l'autre ce qu'il doit faire ? L'homme s'identifie-t-il à sa conscience ? Tous deux iront vers l'universel en s'interrogeant sur leur propre expérience. Dans les situations que nous habitons, à nous de trouver les actions qui nous conduisent à l'universel. Celles qui prétendent dépasser l'action restreinte nous condamnent toujours à l'impuissance, ou au totalitarisme. Il n'y a pas de raccourci vers Ithaque.

Il ne s'agit donc pas, comme certains militants le pensent, de justifier une politique de bon père de famille qui s'occupe de ses affaires et de rien d'autre. Une action restreinte ne signifie pas des effets restreints. L'action restreinte prétend bien s'occuper de l'universel mais du seul qui ne soit pas une illusion destructrice, l'universel concret.

Renvois : Altermondialisme, Capitalisme, Commun, Militant

AFFRONTEMENT

L'affrontement est au cœur de bien des discours militants. La gauche et l'alternative actuelles tombent elles aussi facilement dans la démagogie du « chapelet des méchants ». Il est pourtant très dangereux de placer l'affrontement au centre de l'engagement. Dangereux et vain. Le fait que les « méchants » soient très méchants ne suffit pas à créer un camp des « gentils ».

Nous ne changeons pas les choses parce qu'il existe un camp opposé, la lutte est un corollaire secondaire. Je m'engage toujours pour un possible qui n'est pas extérieur à la situation mais que je suis déjà en train d'expérimenter. Avant de rejoindre la guérilla guévariste, j'avais étudié la philosophie avec des gens qui étaient inquiétés, j'allais voir des pièces de théâtre interdites, j'avais des amis qui survivaient dans des bidonvilles… L'autre possible n'était ni une chimère ni un modèle. Je me suis engagé, et avec certains nous avons pris les armes contre la dictature. La décision de la lutte fut seconde. Et au sein de ce combat, nous avons fait de drôles de rencontres, nous nous sommes alliés avec ceux qui ne recherchaient que l'affrontement.

Il faut garder à l'esprit ceci : l'affrontement nous laisse à un niveau qui unifie les deux camps. À ce moment précis, les corps s'entrechoquent dans une certaine symétrie. Il n'y a plus de différence ontologique entre les « méchants » et les « gentils ». Ceux qui demeurent dans l'engagement contre, dans l'affrontement brut, peuvent changer de camp sans crier gare. Certains communistes allemands sont ainsi devenus nazis. La résistance et la lutte pour la libération ne peuvent trouver leur justification dans la logique de l'affrontement mais dans le dépassement de la situation. La différence n'est pas fondée dans l'affrontement mais dans ce qui l'encadre. Mettre l'affrontement au centre d'une lutte d'émancipation, c'est courir le risque de se trouver fortement unis à des alliés de circonstance qui ne sont pas dans le même projet.

L'affrontement nous fait retomber dans une logique des moyens et des fins. Si je crois à un jour J, si je crois à une fin qui ordonne le choix des moyens, je trahis inévitablement la base de mon engagement. Il y a des moyens qui changent les finalités. La résistance palestinienne est ainsi en train d'affaiblir la cause palestinienne par l'utilisation du terrorisme. Si je prends acte au contraire qu'il n'existe pas de libération mais des devenirs de libération, je ne peux plus adhérer à l'idée d'une séparation des moyens et de la fin. La fin est alors dans chaque moyen. Les objectifs les plus importants n'en demeurent pas moins des paliers dans un devenir permanent. Ils ne sont jamais la cristallisation de la liberté qui justifie l'utilisation de tous les moyens et laisse l'affrontement hors contrôle.

Il ne s'agit pas de refuser l'affrontement mais de l'assumer sans trahir la lutte. De le garder en quelque sorte sous étroite surveillance. Et de ne jamais en faire le cœur du dispositif d'émancipation.

RENVOIS : CONNAISSANCE, DEVENIR, HISTOIRE, JUSTICE, GLOBALITÉ, VIOLENCE

AGIR

Voici un mot que notre époque a vidé de son sens ou plus exactement dont elle a perverti la signification. Ce que nous appelons des « actes » ne sont pas de « l'agir » mais relèvent souvent de son contraire, du pâtir ou parfois de rien du tout (comme l'acte de manger par exemple). Pour le dire autrement, faire n'est pas agir. Dans notre société disciplinaire, nous savons ce que nous devons faire à chaque moment de la journée. Nous savons aussi très bien ce qu'est un actif. Ce n'est pas quelqu'un qui joue du trombone, qui peint, qui fait l'amour ou contemple le monde. L'actif est pris dans un faire normé, archidisciplinaire. Le passif subit lui aussi tellement la norme et la discipline qu'il envisage très rarement son loisir comme la liberté d'agir autrement. Être passif dans notre société ne signifie pas être dans un rapport différent à l'agir mais être au bas de l'échelle. Actif et passif sont, dans notre monde, les deux modes du même pâtir.

La question de l'inactif, du chômeur, mérite qu'on s'y arrête. La société tient en effet à son sujet un langage contradictoire et destructeur. Elle culpabilise le chômeur en insinuant qu'il manque de volonté pour s'en sortir. Elle s'appuie sur la croyance à l'individu autonome, doté du fameux libre arbitre. Les chiffres n'y font rien, elle veut croire que le chômage est lié à l'individu. Mais, dans le même temps, elle ne peut ignorer les milliers de personnes dans cette situation et le caractère non individuel du problème. Elle souligne alors, à grand renfort d'études sociologiques, le phénomène social. Le chômeur se trouve prisonnier d'un double pâtir. Il pâtit d'abord de la vague utilitariste qui le met au chômage, ensuite de la culpabilité qui l'envahit. Attachons-nous un peu à présent à celui qu'on nomme « l'actif ». L'aliénation est toujours très apaisante. Coller aux idéaux dominants, valorisés par la société, permet d'éviter les questions troublantes. Aujourd'hui pourtant, même le bon élève finit par culpabiliser : « Je fais tout ce qu'on me dit de faire, j'ai tout le confort que l'on peut souhaiter, mais pour autant, je ne suis pas heureux. » L'actif finit par souffrir autant que le chômeur. Écraser en nous l'appel à agir produit un malaise très fort.

Tout être vivant a pour problématique d'agir et non pas seulement de subir ou de pâtir. Agir signifie déployer quelque chose de son essence, de sa nature. La plante, par exemple, qui subit des influences extérieures nocives ne pourra pas déployer son essence de plante. Pour mesurer la force de cette affirmation, rappelons-nous les mots de Georges Canguilhem : tout être vivant préférera développer sa nature même au risque de sa survie. Il nous faut ici préciser le sens de cette essence que nous concevons comme une résultante, comme un pli du commun. Dire que l'essence est une résultante, c'est soutenir que la nature humaine n'est pas univoque, qu'elle ne s'identifie pas à LA nature humaine. L'essence est à déployer et non à dévoiler. Cela implique aussi qu'il existe des résultantes plus ou moins puissantes. Et, parfois, que des éléments très durs la constituent, comme la toxicomanie, la pédophilie... Personne ne choisit d'être pédophile. Le pervers ne se trompe pas, il ne décide pas de l'être mais sa perversion l'empêche d'accéder à d'autres dimensions de l'existence. Les autres, par les limitations qu'ils lui imposent, le sauvent en quelque sorte de la saturation de sa vie. Ce jugement ne repose pas sur une morale quelconque qui s'opposerait au mal absolu mais sur ce constat : à un moment donné, cet homme pâtit de ses pulsions plus qu'il n'agit ses possibles. De ce point de vue, un pervers se définit moins par sa perversion que par les possibles auxquels il tourne le dos. Même le pire des pervers a des surfaces de composition qui ne le sont pas. Il n'y a pas ici de choix, ni de morale : le méchant, encore une fois, n'a pas décidé de l'être. Il n'y a pas d'essence perverse. Lorsqu'il se laisse aller à ses pulsions, le pervers n'en refuse pas moins ce qui est donné à tout être humain : aller vers d'autres niveaux de connaissance et de vie.

Agir pour le pervers signifie enjamber sa perversion, refuser le passage à l'acte, assumer de ne pas être que pervers. Le pervers est un être endormi, dont l'existence est saturée par l'immédiateté de la pulsion. Mais ne croyons pas qu'il nous soit si étranger. Il met au contraire en lumière la barrière d'immédiateté qui nous entoure tous. Notre question commune est d'aller vers notre essence toujours multiple, tout en acceptant la dureté de certains de ses éléments. La polarisation de l'essence est le mécanisme même de l'immédiateté. L'existence d'un cadre suractif est saturée par un immédiat reconnu par la société, là où celle du toxicomane, ou du pervers, est dominée par un immédiat hors norme. Ils sont pourtant réunis au sein d'un même pâtir, cette vie menée dans un immédiat indépassable. Celui qui pense chaque situation en termes économiques, chaque relation en termes de pouvoir, est tout aussi éloigné de l'agir que le pervers qu'il juge froidement. L'agir est ailleurs, dans l'enjambement de toute polarisation, dans la composition, dans le développement de la puissance de la situation et des hommes qui l'habitent, dans la résolution des problèmes. L'accident est un élément quelconque de notre nature qui peut saturer le reste. Le pervers comme le cadre suractif sont pris dans un pâtir qui écrase d'autres possibles et les pousse à un moment donné du côté de l'accident.

Le non-agir oriental est souvent très mal compris. Il signifie « ne pas agir selon l'accident », ne pas être dans l'agitation, dans le ré-agir. La compréhension la plus stupide des Occidentaux consiste à y voir le souhait que les choses ne les touchent pas. Ils viennent alors chercher en analyse ceci même : ne plus être affectés par ce qui les entoure, par ceux qui leur sont le plus proches, devenir en quelque sorte plus égoïstes encore, être anesthésiés au monde, vivre en autistes. La sagesse a toujours signifié l'inverse. Plus tu avances dans la connaissance, plus le monde te touche. Tu peux te sentir affolé mais, tout en étant troublé, tu ne seras plus sensible au chant des sirènes de ton époque. Sartre disait lire les journaux comme des lettres personnelles. Le sage se demande comment agir sagement dans le monde tel qu'il est. Par la connaissance, il développe au contraire sa surface de sensibilité. Le militant joue parfois à ce que tout le touche. Il se proclame conscient et concerné par tous les grands problèmes sans faire l'expérience du commun. Il croit alors que tout le regarde, ce qui est bien différent.

Tout ce qui fait partie de ma résultante ne détermine pas un agir lorsqu'il se déploie. Alors que le pervers va rendre unique un élément de son essence, la recherche de l'harmonie se fait dans l'acceptation de la multiplicité. L'agir est en fait un choix quotidien et toujours infinitésimal : celui de l'harmonie, de la recherche des questions qui fondent la situation et non de la soumission aux idéaux dominants. Tous les jours, nous optons pour une direction. Si je suis chercheur, j'agis quand je suis fidèle à mon travail de recherche, je pâtis lorsque je m'occupe de ma place dans l'institution. Si je suis psychanalyste, j'agis lorsque je cherche la cause de la souffrance de mon patient, son lien avec l'époque et en quoi elle me concerne, lorsque je cesse par exemple de considérer l'échec scolaire comme un blocage épistémologique quand je m'aperçois qu'il est un phénomène social. Un musicien agit lorsqu'il se laisse traverser par les grandes questions de la musique, la composition, l'harmonie. Il pâtit quand il se contente de rechercher le succès. Agir signifie toujours accepter le questionnement qui nous mène vers la multiplicité.

Celui qui pâtit ne se pose pas de questions : il fait cela à cause d'une pulsion ou des idéaux sociaux. On ne demande jamais à quelqu'un pourquoi il veut gagner de l'argent. Le pervers ne sait pas ce qu'il fait mais il sait très bien ce qu'il cherche. Le pâtir est quelque chose de très concret. Lorsque je pars en Amérique latine, il est très rare que je sache pourquoi je choisis une destination particulière. Je suis ainsi arrivé un jour dans un village situé à la frontière avec la Bolivie où il n'y a rien en dehors des lamas, des condors et de la frontière. Le maire m'envoyait des gens pour savoir ce que je venais faire dans cet endroit perdu. Si j'avais répondu que j'étais payé 10 000 dollars par jour pour être là, tout le monde aurait été satisfait. Mais mon incapacité à répondre leur posait problème. L'agir est toujours orienté vers une région où des questions se posent. Si je ne m'étais pas rendu dans des communautés indiennes, je ne comprendrais pas ce qui émerge à présent chez nous mais je ne suis pas parti dans ce but, encore moins pour gagner de l'argent. J'étais attiré par ces expériences nouvelles dont je ne connaissais pas le sens. L'agir passe par le renoncement à contrôler la situation, de façon exactement contraire à ce que l'on pense aujourd'hui. On s'engage toujours dans l'inconnu, tout acte repose sur un non-savoir fondamental. L'agir est ce moment où, en tant qu'individu, je me mets un peu de côté et je me laisse traverser par des éléments d'une multiplicité à laquelle j'appartiens. L'agir est très peu personnel pour faire écho à Gilles Deleuze qui affirmait : « La vie n'est pas quelque chose de personnel. » L'agir me fait forcément perdre le nord. Le pâtir, lui, personnalise à outrance, individualise, distribue réponses et étiquettes.

Agir me fait rechercher l'harmonie, le commun qui nous fonde loin de la dispersion des accidents. Le problème des chercheurs n'a apparemment rien à voir avec celui des intermittents, mais une problématique fonde une même situation qui existe à travers ces multiples actions. Celui qui se pense à travers ses accidents se pense dans la plus grande dispersion. Mais s'il tente d'aller vers la multiplicité, il s'interrogera sur ce qui fait le socle commun des mouvements qui traversent la psychanalyse, la recherche, la société. Si je suis dans la dispersion, je vais essayer de trouver des alliés et d'articuler superficiellement mes intérêts aux leurs. Accepter l'idée que ce qui m'arrive n'est qu'un mode d'une situation commune est très différent. L'union ne vient pas seulement de l'opposition au système mais de la création en jeu dans ces différents mouvements et mise à mal par le néolibéralisme.

L'agir est subversif, le désir qui l'impulse apparaît beaucoup trop opaque à notre société d'individus. Un chercheur, par exemple, qui ne se pose pas la question de l'utilisation de sa recherche, qui tente de connaître et non plus seulement de comprendre, est très inquiétant de se désintéresser ainsi de sa rentabilité. Notre société a érigé en règle l'impératif de la communication. L'agir peut être commun, il peut se partager mais il ne se communique pas. Composer ensemble ne veut pas dire communiquer. La communication fait fi du socle commun que l'agir tente de retrouver.

Le libre arbitre apparaît dès lors comme l'idée la plus réductrice : croire qu'on existe comme un élément séparé du tout, comme un individu isolé. La totalité n'a rien de transcendant, encore moins de mystique. Elle est ce que nous avons en commun, ce qui fonde chaque situation, chaque paysage. Destin ne veut pas dire fatalité. Tout est déterminé ne signifie pas que tout est écrit quelque part, dans un au-delà métaphysique. Cela veut simplement dire que l'émergence dont nous faisons partie, dont nous sommes une partie, est une suite catastrophique, soumise à des agencements, des compositions non prévisibles. Rien ne doit aller forcément dans un sens préétabli. J'ai vu des oiseaux migrateurs en Terre de Feu qui devaient migrer vers l'Afrique et qui s'étaient égarés. Ils allaient mourir de froid pendant l'hiver. Il ne suffit pas d'être migrateur, il faut migrer selon les bonnes latitude et longitude. Le destin est une donne qui n'existe que dans le présent, en se réactualisant en permanence. Si la survie d'une espèce fait apparaître cette problématique de manière évidente, le même raisonnement peut s'appliquer aux musiciens. Si demain ils sont presque tous occupés à composer de la mauvaise musique pour gagner de l'argent, il n'y aura tout simplement plus de musique. Tout est déterminé mais il faut l'assumer et, dans ce geste-là, rien n'est fatalité. Leibniz pensait cette exigence par la raison suffisante. La causalité est infinie mais la raison suffisante est celle qui permet le passage à l'existence, la coupure qui crée une situation, un paysage. Le passage à l'existence se fait toujours par la réponse à un appel, à une exigence. Gagner de l'argent ne sera jamais un appel car, si cette orientation devient générale, la société se détisse, se casse, la situation perd de sa puissance. La question de l'anticapitalisme n'est pas morale mais de pure éthique ontologique. Si beaucoup d'oiseaux ne migrent plus, il n'y a plus d'oiseaux migrateurs. Si très peu de personnes s'occupent du commun, il a moins d'existence.

En attendant de se détisser encore un peu plus, notre société se croit active, et souvent hyperactive. L'hyperactivité est un symptôme ambigu. Il est tout d'abord le signe de cette activité illusoire qui remplit nos vies. Adulte ou enfant, plus on est actif dans ce sens, moins on est dans l'agir. L'enfant comme le cadre hyperactif n'ont aucune connaissance sur eux-mêmes. Ils sont dans l'incapacité totale d'agir. Mais l'hyperactivité est également utilisée par l'idéologie dominante comme un excès qui permet de valider la structure, une pathologie exhibée comme une figure repoussoir : la pathologie tient à l'excès et non à l'activité elle-même. S'il y a des maladies, le corps reste sain. L'hyperactivité est donc une sorte de double symptôme, de l'impasse et de la souffrance où nous conduit notre incapacité à agir et de la nécessité politique de continuer à justifier le système qui nous y contraint.

RENVOIS : APPEL, CONNAISSANCE, DESTIN, DISCIPLINE, ENGAGEMENT, MODE, PAYSAGE

ALTERMONDIALISME

Une des habitudes du voyageur est de rapporter un objet typique des lieux qu'il traverse. Aujourd'hui, il trouvera partout le même objet, produit au maximum dans deux endroits du monde. La mondialisation crée ainsi un double paysage qui écrase tous les autres : celui d'une pauvreté uniforme, de la dévastation et des résidus des sociétés industrielles, et celui des zones de transit des aéroports, qui regorgent des mêmes produits. Où que nous nous rendions, nous sommes toujours dans le même endroit. Notre monde ne connaît à présent que deux couleurs : celle du bidonville semblable à quelques détails près de Buenos Aires à Bombay, car les abris les plus précaires y sont faits des mêmes déchets industriels, celle des classes aisées, et des mêmes objets reproduits à l'infini. Si l'on s'en tient aux critères internationaux, certaines régions du monde ne devraient plus exister car leur population entière se trouve en dessous du seuil de pauvreté. C'est sans compter les solidarités, les modes de production, les médecines locales qui assurent la survie de toutes ces personnes. L'uniformisation en cours signifie en revanche leur disparition très concrète. La mondialisation n'est pas un simple mot sur des banderoles militantes, elle est un phénomène très réel qui écrase tout. Face à ce modèle qui goudronne le monde, l'altermondialisation ne doit pas être une autre façon de penser la mondialisation mais une défense de la multiplicité.

L'engagement alternatif recoupe deux tendances très différentes. L'une est très profonde, anthropologique, et cherche à répondre à ce qui se donne à penser dans notre époque. Selon cette idée, l'homme ne peut pas être en lutte contre la nature mais doit composer avec elle puisqu'il en fait partie, la justice sociale doit être pensée au sein de la justice comme harmonie, équilibre. L'altermondialisme recouvre alors l'ensemble des tentatives de débordement de la société utilitariste, de certaines démarches artistiques aux squats. Ses champs d'action sont aussi divers que la ville, la santé, l'agriculture, les pays du Sud, le problème de la dette, l'Europe, les biens communs… La justice sociale n'est pas forcément le seul but affiché. La défense d'un théâtre non utilitariste entre par exemple dans les enjeux de cette alternative. Ces différents agirs sont liés car ils expriment la même résistance sous des modes différents.

La tentation est alors forte de vouloir fédérer ces actions pour créer une force alternative qui puisse combattre le néolibéralisme. Fédérer ne veut pas dire créer des liens. Quand on fait de la musique, du théâtre, quand on vit un certain engagement quel qu'il soit, on a tout intérêt à se connecter à d'autres personnes qui partagent cette passion. Les liens sont nécessaires, ils font partie de la contestation. Je me souviens d'un groupe de jeunes Belges qui se voulaient très radicaux. Ils vivaient dans un squat mais chacun possédait sa maison, ils n'acceptaient pas les sans-domicile-fixe et n'entretenaient aucun rapport avec les habitants du quartier. Ils n'avaient créé en fait que de l'individualisme élargi. La résistance crée et se fonde sur des liens. La tendance vers l'autre lui est consubstantielle. L'alternative officielle ne voit là que des actions éparses et prétend répondre au danger de la dispersion. Ces expériences montrent tout autre chose : une multiplicité qui fonctionne en harmonie, par affinités électives, qui ne réclame que les moyens d'entrer encore plus en contact. Entre l'individualisme élargi et la centralité forcée, il existe la multiplicité.

Les officiels de l'alternative ne raisonnent qu'en termes de dispersion et de centralité. Leur erreur est bien là, dans cette volonté de rendre majoritaire la minorité, centrale la périphérie. Il n'y a pas de centre dans l'alternative. Le forum est une bonne initiative lorsqu'il est un lieu d'échanges sur les différentes expériences concrètes. Mais il devient une tromperie lorsqu'il nourrit l'illusion d'un moteur plus puissant, au-dessus de toutes ces situations. Les altermondialistes se comportent alors malheureusement comme ceux qu'ils combattent : ils s'extraient de la situation et se condamnent à une langue et à une vision du monde abstraites. Ils regardent le monde de l'extérieur, trouvent qu'il ne leur plaît vraiment pas et se demandent comment en créer un autre. Ils pensent être en train d'agir mais se condamnent par cette attitude au pâtir puisqu'ils se vivent séparés de la situation. Ils font en outre un énorme pas en arrière en cherchant ainsi un nouveau drapeau pour partir à la lutte. Nous avons déjà expérimenté l'échec de l'affrontement déterminé par des modèles. La multiplication des forums est un symptôme de cette volonté de s'extraire du monde et de cette inaction. Lorsque les leaders de l'alternative font leur autocritique à la suite du Forum social mondial en Inde, ils ne s'inquiètent pas du peu de place laissée aux échanges par rapport au *business*, ils souhaitent que du forum « émergent d'autres modèles de société ». Dans leur discours, le moteur reste central. L'agir est peut-être local mais la pensée demeure globale. Il s'agit de trouver le bon universel abstrait pour remplacer le mauvais mais il n'est pas question d'en sortir. Voilà l'impasse de l'alternative. Faire fi, dans un souci compréhensible d'efficacité, de la multiplicité. Et ressembler alors à son adversaire.

RENVOIS : ACTION RESTREINTE, AGIR, ENGAGEMENT

AMOUR

En Occident, nous sommes victimes d'une confusion énorme : celle des liens et de l'amour, ou pour le dire autrement de la croyance que les liens sont forcément d'amour. Nous utilisons le mot amour de façon exaltée pour mieux cacher la vacance des liens. Les rapports entre les gens ne tiendraient qu'à ces fluctuations amoureuses ; plus encore, la liberté résiderait dans cette capacité à congédier celui qu'on n'aime plus. Dans une famille, il est pourtant très important que l'on s'aime « de surcroît ». Les parents sont là pour maintenir le lien, et même lorsque cela n'est pas agréable et que l'amour est moins évident. Le fondement des liens de parenté n'est pas l'amour. C'est là le tribut psychopathologique que nous payons sans cesse à l'idéologie de l'individu autonome : ce sentiment d'être un électron libre, isolé, qui souffre dès qu'il perçoit le déclin de l'amour. Cette solitude est tout simplement fausse. À l'inverse des paroles du refrain bien connu « on est toujours tout seul au monde », nous ne sommes jamais « tout seuls ». Nous ne sommes que liens. Avec nos amis, notre famille, notre environnement… Tout ce réseau forme le soubassement dont nous sommes la résultante. La question « à qui vais-je me lier ? » n'a aucun sens. Les liens sont ontologiques. Demandons-nous plutôt : « À qui et à quoi suis-je déjà lié ? »

Cette illusion alimente la culpabilisation et la souffrance contemporaines. Les gens cassent leurs relations car ils ignorent que leurs liens n'étaient pas uniquement fondés sur l'amour. Le désamour ne congédie pas le lien. Surtout, personne ne peut jamais casser des liens et en créer de nouveaux, à volonté. Le désamour ne fait que rendre les liens illisibles, incompréhensibles. Jamais personne « ne reprend ses billes ». Cette dénégation imaginaire des liens a des effets bien réels : elle ne peut les détruire mais les rend culpabilisants, douloureux. Après des années de souffrance et de conflits avec ses deux filles, une mère a fini un jour par me confier qu'elle ne les aimait pas. Elle a compris ce que je lui ai expliqué alors, que cela n'était pas grave puisque cela ne touchait pas aux liens et qu'elle restait responsable du devenir de ces liens-là. L'engagement passe aujourd'hui par la création et la défense des liens.

L'amour que notre société exhibe est un mélange étrange, composé en réalité d'une bonne dose de narcissisme et de commodité. J'aime l'autre parce que cela m'arrange, parce que son fantasme répond exactement au mien. La rencontre amoureuse tient à cette communication des fantasmes. Nous communiquons aux autres : « Je cherche quelqu'un qui joue ce rôle. » L'autre trouve une place correspondante dans son propre fantasme ou s'en va. La communication s'accomplit lorsque chacun peut caser l'autre dans son propre film. Le coup de foudre correspond à cet accord premier : « J'ai un rôle pour lui dans ma vie. » L'exemple extrême de ce genre de relation est la répétition dans laquelle certaines personnes s'enferment de la même liaison amoureuse. L'autre n'est même plus un rôle mais un simple figurant, tenu de bien rester à sa place dans le fantasme.

Mais l'autre souvent déborde le rôle qu'on lui avait préparé, un angle mort apparaît. À partir de ce non-savoir, la possibilité d'une vraie rencontre se fait jour, si on ne la congédie pas immédiatement. La vie est là, dans ce non-savoir qui déborde le rôle, dans le courage de construire quelque chose qui dépasse l'histoire personnelle, dans ce qui n'est plus la circulation du fantasme. L'amour consiste à accepter que l'existence de l'autre sorte du rôle, à suivre cette voie aveugle. L'amour en ce sens constitue une voie d'accès à un autre niveau de connaissance. Encore faut-il accepter ce débordement, et ne pas en faire immédiatement un symptôme, ou tout simplement le nier. L'amour n'est pas quelque chose de personnel lorsqu'il ne se passe plus seulement au niveau des corps qui s'entrechoquent. Le début de l'amour est alors le début de l'éthique, l'acceptation du non-savoir. Accepter l'autre comme différent du rôle que je lui avais préparé me conduit à me reconnaître moi-même comme différent.

L'engagement tient à ces questions. L'amour se réduit-il à une communication efficace et à ces sordides calculs d'intérêts : est-ce que je donne autant que je reçois, suis-je mieux tout seul ou à deux ? L'amour en ce sens est subversif. Je ne peux pas accepter le débordement de mon fantasme sans me vivre comme une multiplicité que ma conscience ne parvient jamais à englober. Je ne me pose même plus la question de la possession de l'autre puisque j'effleure l'idée que je ne m'appartiens pas moi-même. Pessoa a ces mots limpides : « Si je ne m'appartiens pas, comment pourrais-je t'appartenir ou toi-même m'appartenir ? Si je ne possède pas mon être même, comment pourrais-je posséder un être qui m'est étranger ? Si je suis moi-même différent de celui auquel je suis semblable, comment pourrais-je être semblable à celui dont je suis différent ? » Le non-savoir que j'aperçois dans l'autre est le reflet du non-savoir que j'accepte en moi-même. Je me conçois comme une pure résultante en devenir, un mode du tout, de la substance. La question de l'appartenance ne se pose plus. On ne se demande pas à qui appartient le cratère sur Mars parce qu'on ne reconnaît pas d'instance à laquelle raccrocher cette appartenance. L'accident me pousse vers des images identificatoires dans lesquelles je peux posséder les choses, l'autre. Je me définis alors dans et par cette possession : mon argent, mes diplômes, mes enfants, ma femme… Je m'enfonce dans le pâtir car je m'identifie avec les instances de mon moi conscient qui ne sont qu'accidents. L'amour me permet de dépasser cette illusion.

Tout cela n'est en rien une défense de l'amour platonique. Chez Platon, l'âme en tant qu'essence détermine que les corps s'aiment comme des reflets de l'amour archétypal. Ici il n'est question que de quotidien. Mais l'amour a peu de chance d'exister si la rencontre amoureuse se déroule « trop » bien, si l'autre colle tellement à mon fantasme qu'il n'y a aucune place pour ce non-savoir. Il y a quelque chose d'agressif dans la mise en avant de l'érotisme. Il n'y a pas assez de flou pour autre chose que de la communication. En ce sens-là, l'érotisme peut parfois fermer la porte à l'amour, il peut saturer l'accès à l'amour.

Le corollaire de cet amour contemporain qui réduit l'autre à un rôle dans mon fantasme est le fameux amour de soi qui remplit les dossiers des magazines de psychologie. C'est prendre une toute petite partie de notre soubassement pour le tout. Au lieu de rechercher l'universel dans la multiplicité qui nous compose, nous tentons de discipliner cette multiplicité aux « ordres » d'un des éléments les plus secondaires, le moi. Le fait que cette partie prétende être le tout ne fait pas d'elle la totalité. Plus on confond le moi avec ces instances secondaires, ces images identificatoires, plus on se perd dans l'amour-fantasme. La communication est alors parfaite, les étiquettes se rencontrent et écrasent la multiplicité qui nous compose.

RENVOIS : CONNAISSANCE, CONSCIENCE, FANTASME, INDIVIDU

APPEL

La question de l'appel, ou celle du défi, est profondément la question du sens. Notre société rejoue en permanence *La lettre volée* d'Edgar Poe : on ne cesse de parler du sens pour mieux l'escamoter. Dans la communication comme dans les réflexions individuelles, tout le monde se dit « en quête de sens ». Cette répétition vaine permet d'éviter la question et d'écraser l'appel.

La signification existe à plusieurs niveaux, matériel, historique, symbolique. Elle structure les mondes que nous habitons, faits de nos productions et de nos perceptions, de nos échanges avec les autres. À certains moments, de bifurcation, de vide, quelque chose apparaît comme non suffisant dans cette signification. Si tout était pure signification, rien n'existerait car tout serait emboîté dans tout. La chaîne causale se prolongerait à l'infini, rien ne serait jamais saillant. Cette non-suffisance qui apparaît à partir d'une signification préalable est la condition d'existence du temps et de l'espace. Temps et espace n'existent pas en soi pour toutes les espèces et toutes les matières, leur émergence dépend de l'accomplissement d'une action, qui crée un nouveau niveau d'existence. Les failles de la signification sont les lieux où émergent les phénomènes et avec eux l'espace et le temps.

Qu'un phénomène existe signifie que, à un moment donné, la signification qui structure l'existence est insuffisante et qu'un sens apparaît. Le sens est existence.

Dans notre époque, la structure économique et technique sature la signification. La technique est l'oubli de l'être car elle empêche d'apercevoir le travail du négatif, ce travail d'émergence des phénomènes aux lieux de non-suffisance de la signification. La réalité est encore inverse à ce récit. Il n'y a jamais une signification et une non-suffisance. Ce n'est qu'à la lumière de l'émergence des phénomènes, à la lumière du sens que nous percevons la signification. Notre époque obscure se définit par une très petite émergence de sens. La signification ne se renouvelle pas assez, elle ne trouve pas assez de voies de développement. Les strates de la signification ont tendance à prendre toute la place et à empêcher l'émergence de nouveaux phénomènes. La technique produit en permanence des objets plus perfectionnés mais reste dans la signification absolue. Rien dans ces productions ne relève d'un travail du négatif qui ferait signe vers autre chose. Aucune faille ne permet une remise en cause de la signification technique omniprésente. Acheter une nouvelle voiture, se marier, voter à gauche, rien de tout cela ne remet en cause la structure signifiante. Nous manquons cruellement du sens qui, tout en donnant un nouvel éclairage, développerait la puissance de la vie. La vie se trouve mise en danger par des actes techniques, économiques, sans que nous apercevions d'issue. Les hommes de la technique, de l'oubli, de l'idéologie, ont une vie amoindrie car ils sont entièrement plongés dans la signification. Ils savent pourquoi ils doivent se lever le matin, pourquoi ils doivent être heureux. Et si jamais celui qui a l'argent, la santé, l'intelligence et la sensibilité se met à souffrir, on le conduit se faire soigner. La souffrance existentielle est bannie de ce monde formaté.

Lorsque le sens est ainsi saturé par la signification, l'appel devient inaudible. Je reste sourd à l'appel qui s'adresse à moi comme à un être responsable de l'existence. Tout ce qui me constitue est happé par le chant des sirènes. L'appel est ce qui pousse Ulysse vers Ithaque. On ne sait rien sur Ithaque, Ithaque est l'aléatoire, ce qu'Ulysse doit accomplir. En allant vers Ithaque, il se pose la question du sens, qui l'engage en tant qu'être. Dans notre société, tout est chant des sirènes : technique, confort, pouvoir, peur, discipline, jouissance, tentations identitaires ou communautaires… Le sens existe dans nos vies comme un appel à agir, à déployer notre essence. L'appel d'Ithaque n'est pas l'appel à n'importe quel agir, il ne s'identifie à aucun des exploits qu'accomplira Ulysse en chemin. Il n'a pas de forme concrète, il est le déploiement de l'essence d'Ulysse. Répondre à l'appel signifie l'analyser, le mettre à l'épreuve. La réponse est pratique. L'appel se manifeste de façon très diverse mais tient toujours à un dysfonctionnement, à un refus, à une faille dans la structure formatée de nos vies. La nausée chez Sartre est cette conscience d'exister et cet appel à agir. L'appel est ensuite entre nos mains : nous l'écrasons, nous en faisons un symptôme, nous le soignons ou nous décidons d'y répondre.

La nature nous propose des milliers d'exemples de cet appel. L'oiseau migrateur, à un moment donné, sent l'appel du nord. Cet appel s'adresse à lui mais regarde l'univers tout entier, puisque le nord se définit par rapport au cosmos. L'oiseau sent l'appel d'une harmonie avec le système solaire. L'appel ressemble à cela, il est dans chaque être qui lui laisse la place, cet universel qui se manifeste en soi. L'oiseau est génétiquement migrateur, il est structuré ainsi, et je peux le vérifier en laboratoire : la signification est complète. Mais il doit migrer, accomplir cela : la signification est insuffisante. Cette insuffisance va introduire espace et temporalité. L'essence advient à l'existence par cet appel. Elle ne préexiste nulle part. Ce n'est qu'en migrant que l'oiseau met en lumière sa signification.

Rien de mystique dans cet appel. Il ne s'agit pas de s'extraire du bruit du monde pour être en contact avec un pur imaginaire. Il n'y a d'appel qu'au milieu du monde, pris dans le chant des sirènes. Ithaque n'existe que par le parcours d'Ulysse. Toute compréhension mystique est erronée, qui voudrait que cesse le bruit du monde pour mieux percevoir l'appel. Ces hommes et ces femmes aux desseins immenses ne sont que des caricatures. L'appel n'existe que dans chaque situation et de façon infinitésimale.

Tout ce qui émerge de l'idéologie de l'individu comme recherche de confort, de pouvoir, de possession n'est pas moralement condamnable, mais va dans le sens de la diminution de la vie, affirme ce qui sature notre existence et empêche l'émergence de l'appel. Le chant des sirènes de notre époque provoque le redoublement de la signification, la saturation de la vie par l'immédiat : il n'est jamais temps d'être. L'homme de l'oubli voudrait faire mille choses mais ne trouve jamais le temps. L'appel pourtant ne saurait venir d'ailleurs. Il est justement la possibilité de détisser cet immédiat, sans tomber dans la peur ou l'espoir d'un au-delà. Notre défi réside en ceci : tenir bon dans l'immédiat tout en faisant en sorte qu'il ne sature pas notre existence.

Ce que nous montrent également les oiseaux migrateurs, c'est la souffrance que crée l'écrasement de l'appel. Dans le film *Le peuple migrateur*, deux oies qui ont les ailes coupées se jettent contre les grilles de la basse-cour lorsque leurs congénères passent au-dessus d'elles. Une oie de basse-cour comme un saumon d'élevage sont des formes dégénérées, des appels frustrés, interdits. L'homme d'aujourd'hui leur resssemble : l'appel, qui le fonde pourtant, lui est devenu interdit, pour des raisons très diverses mais jamais seulement extérieures. Lorsque l'interdiction vient d'ailleurs, l'histoire nous montre qu'il y a toujours des oies qui meurent pour se libérer et aller vers l'appel. Le problème de l'homme moderne n'est pas de savoir comment éviter qu'on lui coupe les ailes, comment dépasser les grillages de la basse-cour, car les ailes coupées et les grillages sont à l'intérieur de lui-même. Lorsque dans le dialogue de Platon Phèdre démontre qu'il faut aimer raisonnablement, ne pas se laisser emporter, Socrate fait en retour l'apologie de la folie, identifiant la maîtrise au mal. Les hommes, dit-il, sont des anges déchus qui sont dans l'oubli. Certains pourtant sentent la démangeaison des ailes. Cette démangeaison ne peut être apaisée, estompée, écrasée que de l'intérieur. On peut interdire à un homme ou à un peuple de vivre mais jamais – et c'est là la limite de tout pouvoir – on ne peut éliminer en lui l'appel. Nous ne sommes qu'appel.

Jamais les dénonciations scandalisées ne feront fonction d'appel. L'appel est quelque chose que l'on ressent comme l'oiseau migrateur. Il est question là de notre être matériel, de notre point de vue, de notre ancrage corporel dans le monde. Tous les textes, pétitions, « appels » en tout genre, voudraient faire écho dans l'essence des gens. Celui qui n'a pas enseveli cette dimension pourra peut-être, à partir de quelques-uns de ces appels mondains, articuler son devenir. Mais jamais un appel ne vient de l'extérieur. L'oiseau sent l'appel au fond de chacune de ses cellules. L'homme moderne, lui, ne sent plus le monde au fond de lui-même. Non pas qu'on lui cache des choses à l'extérieur, il n'a jamais été aussi informé au contraire. Un des problèmes principaux de la militance et de l'engagement se résume ainsi : tous les appels extérieurs ne pourront jamais fabriquer un appel intérieur. Si nous ne sommes pas capables de développer d'autres désirs, d'autres formes d'agir très singuliers, nous pourrons dire que « ceci empêche la vie », le délimiter très clairement et avoir raison, mais nous échouerons à développer la vie. La vie, le sens et la lutte contre la saturation de la signification ne peuvent s'affirmer que dans la singularité.

RENVOIS : EXISTENCE, NIHILISME, NON-SENS, SENS, TECHNIQUE

ARGENT

Toutes les sociétés ont eu recours à des unités de mesure pour régler leurs échanges. Le mercantilisme introduit l'argent comme moyen, entre la production d'une marchandise et l'achat d'une autre. L'argent était alors une médiation entre deux marchandises. Dans le capitalisme, l'argent prend une place différente : il permet d'acheter et de vendre des marchandises, il est au début et à la fin de la transaction et devient prédominant. Le néolibéralisme consacre son triomphe. Il préfère se passer de la production de marchandises et devient purement financier. La circulation est virtuelle, la plupart de l'argent qui s'échange n'a d'existence que dans un ordinateur. Dans cette époque qui virtualise la marchandise et place l'argent au centre, le monde n'est même plus une marchandise. Le capitalisme classique considérait une forêt comme une production de marchandises possible. Le néolibéralisme n'y voit qu'une valeur d'investissement.

Selon une caricature tragique de la philosophie de Hegel, nous assistons à une désubstantialisation de la marchandise, et du monde, dans lequel posséder signifie posséder les moyens de posséder. Il y a là une sorte de fin de règne où l'on ne sait même plus de quoi être propriétaire. L'infrastructure sécuritaire est la conséquence logique de cette possession débridée. Les puissants vivent dans des forteresses dans lesquelles ils peuvent garder les moyens de la possession, sortes de ghettos pour riches. À l'heure de la virtualisation croissante de la possession, seuls les moyens sécuritaires mis en œuvre pour la protéger la matérialisent encore.

RENVOIS : PAUVRETÉ, SÉCURITÉ

ATTENTE

L'attente dont parle Héraclite nous est désormais inaccessible. Au commencement de la philosophie, celui qui n'attend pas l'inconnu ne le rencontre pas, ne le reconnaît pas. L'homme doit se placer dans cette attente, se rendre disponible aux événements. L'attente est une sagesse si éloignée de nos vies actuelles qu'il est difficile d'en retrouver le sens. L'histoire de ce mot est celle d'un détournement radical.

La temporalité de notre monde a vu le jour avec la fin du système aristocratique. L'aristocrate se targuait de ne pas être éduqué, il pouvait acquérir des connaissances, se former, mais il se concevait comme un être accompli dès la naissance. Il recevait un savoir de ses précepteurs mais, de la même façon qu'il apprenait l'art de la lutte, sans que cela modifie sa personne. Sa vie ne se mesurait pas à l'aune de ces acquisitions. Contre ce modèle, la bourgeoisie va introduire l'idée moderne selon laquelle nous sommes ce que nous deviendrons. Les hommes vont dès lors être en attente de cette complétude. L'attente n'est donc pas un élément marginal ou pathologique mais le centre de notre humanité moderne. Notre monde, nos paysages se sont en conséquence structurés autour de cette temporalité particulière. Nous sommes devenus des morceaux d'attente. Le temps – comme l'espace – n'est pas la scène où se passent les choses mais l'étoffe dans laquelle se tisse chaque mode d'être, y compris nous-mêmes.

Par la suite, le sens du devenir a été littéralement détourné par le progrès. La différence est pourtant radicale et nous payons aujourd'hui le prix de cette confusion. Le progrès se donne des objectifs et tente de les atteindre. Le devenir, en revanche, n'est pas un devenir vers quelque chose mais un mode d'être. Le capitalisme a identifié le devenir à ce qui va advenir demain. La technique était alors son instrument, le moyen d'accomplir cette promesse, d'en finir avec les déterminations de la longue durée. La tromperie est énorme et multiple. La technique connaît un développement tous azimuts qui ne vise pas un objectif clair, qui ouvre de nombreuses possibilités mais en écrase aussi beaucoup d'autres. Rousseau disait du progrès qu'on savait ce qu'on gagnait sans savoir ce qu'on perdait. Nous commençons à prendre conscience de ce que nous avons perdu. La technique ne peut donc être envisagée comme un axe de progrès car elle ne suit pas de sens, de tendance dominante.

Elle a créé un front horizontal d'une telle puissance qu'il a balayé toute longue durée et imposé un maintenant permanent, qui escamote le présent. Pour suivre Heidegger, l'instantanéité permanente est le mécanisme par lequel le présent se dérobe sans cesse. L'agencement capitalisme-technique a créé ce maintenant de l'attente qui s'oppose au maintenant du présent. La technique produit des étants, des choses dont l'essence est détournée au profit de l'utilitarisme. Ces objets ne sont pas des modes d'être et vont formater l'homme qui est de plus en plus en contact avec eux. Plus il s'accorde avec ces objets qui ne sont jamais des modes, moins il a accès à cette totalité qui le fonde, à la longue durée qui est son soubassement, plus il se vit lui aussi comme un objet détourné de son essence. La science-fiction avait imaginé la domination de l'homme par le robot. Ce n'était en fait qu'une métaphore, le devenir robot de l'homme est aujourd'hui bien réel. Le monde de l'attente émerge du triomphe du capitalisme et de la technique. L'homme est ainsi exilé de la seule dimension temporelle qui existe, un présent plein, qui nous permet d'assumer la longue durée du passé et de l'avenir.

L'homme de la modernité, de la technique, vit dans la nostalgie du présent qu'il a perdu à jamais. Semblable à Pessoa qui écrit : « Je suis tout entier une nostalgie, non pas une nostalgie de ce qui fut ou de ce qui sera mais une nostalgie du présent. » Tous nos rapports d'amour, d'amitié, sont *ipso facto* projetés dans un futur qui seul permettrait de juger de leur accomplissement. Ce que nous vivons ici et maintenant n'a plus d'importance, tout investissement dans le présent semble diminuer la promesse. Nous ne devons pas nous attarder en chemin. La nostalgie dont parle Pessoa conduit à la plus grande souffrance individuelle. Nos journées sont vues comme des briques dans l'immense édifice de ce qui adviendra. Nous dégradons en permanence le présent, qui n'est plus que passage. L'agencement de cette attente avec le néolibéralisme est terrible. L'argent n'est qu'un moyen mais un moyen qui n'a plus d'autre fin que lui-même. Le monde de l'argent sans fin devient la réalisation du monde de l'attente. Cauchemar mondial. Le seul objectif des sociétés est d'obtenir les moyens de continuer à attendre. On parle de crise du système, les individus se vivent alors comme en crise, eux aussi. La vie entière devient une crise, sorte de prétexte à cette nostalgie qui insiste. L'attente donne cette irréalité à ce que nous vivons. Il nous est très difficile de réaliser que la vie est vraie.

Cette projection incessante vers l'avenir tourne au délire. Quand est-ce aujourd'hui ? Quand cela commence-t-il ? Quand est-ce le temps de vivre ? L'attente provoque la tristesse et la mélancolie. Les gens s'aiment un peu « en attendant », ils prennent des décisions mais jamais en fonction de la situation présente, toujours en pensant à l'avenir. Au niveau politique, on retrouve la même incapacité à penser le présent. C'est là le grand problème de l'alternative. Vous offrez de l'attente à des citoyens formatés pour cela, ils acceptent même si cela les conduit à vivre tout le contraire de ce que le libérateur promet. Vous leur parlez du présent, ils contestent et vous reprochent de ne pas vous occuper du futur.

Nous pensons notre vie de couple, de parents, dans cette négation du présent. Quel est le jour de l'amour ? Est-ce celui où, à quatre-vingt-dix ans, les amants affrontent la mort ensemble plus que n'importe quel autre ? Nous sommes tellement angoissés par les menaces du futur que nous ne parvenons plus à vivre le moment présent avec nos enfants. Notre société se comporte de telle façon que la seule chose qui finit par stopper l'attente est la mort.

Pour nous représenter cette anesthésie au monde, imaginons-nous sur le quai du métro à attendre la prochaine rame. Nous sommes alors hors du temps, nous souhaitons que cela se passe, nous ne regardons rien alentour… L'attente amène cette distance par rapport à ce qui nous entoure, cette distance par rapport à nous-mêmes. Nous nous vivons comme irréels puisque nous ne sommes jamais vraiment là où nous nous trouvons. L'attente crée une virtualité de nos vies telle que nous dépendons du regard de l'autre et de sa reconnaissance. Nous attendons sans cesse son acquiescement sans nous rendre compte qu'il ne peut pas nous dire qui nous sommes. Le monde de l'attente nous a fait perdre notre rapport premier à nous-mêmes.

Le grand défi de notre époque est de retrouver le sens d'un devenir sans avenir. L'oiseau migrateur ne migre pas au nom d'un avenir, il migre parce qu'il est ce devenir et que, sinon, il cesse d'exister. Le devenir actualise le passé, le présent et le futur. Un comédien qui joue une pièce de Shakespeare réactualise le rôle et garantit que l'œuvre de Shakespeare continue à exister dans l'avenir. Le passé n'a aucune existence pour la technique, il est définitivement révolu. L'objet technique passé est un objet mort. Pour nous, au contraire, le passé n'est pas derrière nous, il représente ce que nous avons intérêt à continuer de la meilleure manière possible.

La seule résistance au monde de la technique et de l'attente réside dans des actions qui mettent entre parenthèses la question des perspectives, dans l'expérience concrète que « le présent dure longtemps ». L'angoisse générée par l'attente est plus forte que la peur de mettre un moment ces perspectives entre parenthèses. Lorsque je me suis engagé contre la dictature, j'ai ressenti un immense soulagement. Habiter le présent, être dans l'agir fait cesser l'angoisse « de ce qui pourrait arriver ». Les perspectives, la menace de la mort, ne disparaissent pas, elles font au contraire partie du présent. Assumer le fait d'être mortel ne peut être qu'un élément positif du présent.

RENVOIS : CAPITALISME, DEVENIR, LONGUE DURÉE, TECHNIQUE

AUTORITÉ

Il est grand temps d'en finir avec l'anti-autoritarisme. Historiquement, la démonstration est implacable : l'idéologie anti-autoritaire a donné les patrons libéraux d'aujourd'hui, et il n'y a rien là qui puisse nous étonner. Le néolibéralisme comme la technique ont nié toute l'importance de la longue durée. L'autorité est un principe anthropologique qui veut au contraire que tout ne soit pas caprice, que rien ne soit sans cause, que le présent instantané ne soit pas la seule chose qui existe. L'anti-autoritarisme s'est agencé à merveille avec le néolibéralisme qui n'accepte aucune sorte d'autorité. L'idéologie de l'individu, en faisant fi de la longue durée, a nié la base même de l'autorité. Nous serions des êtres séparés de tout ce qui nous a précédés, de tout un soubassement qui remonte à des milliards d'années, nous nous vivons comme des aboutissements.

L'autorité n'est pas oppressive. Lorsqu'il démontra que la hiérarchie était un invariant historique, Fernand Braudel n'a pas fait œuvre réactionnaire. Dire qu'une société a besoin d'une structure d'autorité pour exister ne détermine pas le contenu de celle-ci et ne nie en rien la révolte des opprimés. Ils luttent pour une répartition différente de la structure d'autorité qui, elle, demeure. L'amalgame est tel qu'il est impossible de parler d'autorité sans que l'on comprenne discipline, laquelle n'en est qu'une déviation simpliste et dangereuse. Celui qui ordonne et celui qui obéit appartiennent au même monde, ce sont des « actants » de la même situation. L'autorité se développe au deuxième niveau de connaissance, la connaissance par les rapports et les causes. Les deux acteurs de la relation d'autorité occupent des places différentes mais font partie du même système. L'autorité est une structure partagée, elle met en relation. Penser en terme d'autorité revient à penser en terme de complexité. Le « gentil » et le « méchant » sont également nécessaires à une situation, il n'y a d'action bonne qu'en rapport à une menace ; Jean Moulin existe parce que les nazis sont là. Dire cela n'établit bien évidemment aucune symétrie mais pose l'idée que rien n'a de sens isolément, que personne n'est essentiellement résistant ou nazi mais le devient en situation. Le discours disciplinaire reste, lui, au niveau des corps qui s'entrechoquent, où l'autre est tout autre. Je ne peux rien imaginer de commun entre l'appareil disciplinaire et celui qui est discipliné. La pensée disciplinaire repose sur la négation de tout lien. Il nous faut donc être antidisciplinaire et nous opposer ainsi à une société qui casse les liens mais ne pas tomber dans le piège d'être antiautoritaire. La confusion n'est pas que sémantique ou conceptuelle, elle est gravissime car elle nous renvoie au premier niveau de connaissance et nous empêche d'en sortir. Il est possible d'imaginer tous les rapports d'autorité mais nier tout rapport d'autorité revient à dire que les parents ne doivent plus protéger leurs enfants, qu'on ne respecte plus la longue durée, et qu'on se place dans une sérialisation sans fin.

Comme nous avons imaginé il y a trente ans la fin de toute autorité, nous nous lamentons à présent de sa perte. Nous restons prisonniers de l'illusion d'une autorité détenue par certains et subie par d'autres. Tout au contraire, l'autorité n'existe que partagée, elle est une structure démocratique de protection. L'autorité n'est personne. On la personnalise toujours, ce qui aboutit au refus caractériel d'obéir à un individu. Mais cette figure particulière n'est qu'un phénomène périphérique, la première autorité est le respect de la longue durée qui fonde notre existence. Ne pas lui obéir confine à la folie. Comment ne pas obéir à ma constitution physiologique, à la loi de la gravitation universelle ? Cette autorité prend diverses figures mais repose toujours sur le partage d'une structure dans laquelle il y a un sens. Le démocratisme a tout confondu en se proclamant anti-autoritarisme de base, somme de toutes les non-autorités. Là encore, la démonstration est implacable : il a construit un monde très autoritaire. Si nous ne pouvons pas renouer avec la longue durée, avec ce qui fait asymétrie et lien, rompre avec cette idée stupide que trente milliards d'années se sont agencées dans le but unique de créer la merveille que nous sommes, si nous ne pouvons pas nous voir enfin comme des scènes d'un devenir qui nous dépasse, nous pourrons continuer à regretter la fin de l'autorité, nous serons de fait dans une position de refus à son égard. Notre société devrait cesser de caresser la bête individualiste dans le sens du poil et se lamenter dans le même temps de la perte d'autorité. Il faut dire aussi un mot d'une idéologie de gauche qui a fait beaucoup de mal. Si nous prétendons être tous égaux, pris dans une sorte de sérialisation égalitaire, sans aucune asymétrie, sans aucune hiérarchie, nous effaçons tout principe d'autorité non autoritariste.

Nous voudrions reconstruire l'autorité mais sans réfléchir à nos modes de relation avec les autres, sans rétablir des liens. L'autoritarisme est alors inévitable. Lorsque les individus refusent toute contrainte, c'est lui qui s'impose au nom du bien commun. Individualisme et libre arbitre ont pour tristes corollaires autoritarisme et abus de pouvoir. Lorsque l'autorité ne représente plus rien, elle ne se fonde plus que sur la discipline. L'autoritarisme prend le relais, triste reste d'une autorité qui ne repose plus sur des liens. Il ne s'agit pas de tomber dans la nostalgie d'un temps révolu mais de noter ceci : le capitalisme a procédé à une telle désacralisation qu'il a nié les liens en même temps que l'autorité. Le pompier qui amène de force un ivrogne aux urgences est dans une relation d'autorité : le pompier, le médecin, l'homme agité existent au sein d'une structure qui les lie entre eux. Celui qui abuse de son pouvoir ne fonde plus son autorité sur des liens mais au contraire sur leur négation : « Je suis plus fort que toi. » Appeler cela la loi de la jungle est ne rien connaître à la nature. Aucune bête ne survivrait dans ces conditions car elle a besoin des autres pour exister, elle n'est que liens.

L'autorité est si éloignée de la discipline qu'elle inclut, en son sein et sans aucune contradiction, le devoir de désobéissance. Face à Créon qui obéit à la loi de la cité et représente l'autorité disciplinaire, la jeune Antigone répond à un pur principe d'autorité. Le principe de désobéissance est un fondement éthique et ontologique très profond. Face à la loi des Créon, la loi des cités qui peut être parfois indigne, certains choisissent d'obéir à l'autorité de la longue durée. La désobéissance civile ne repose pas alors sur un narcissisme anti-autoritaire mais permet de fonder à nouveau l'autorité.

RENVOIS : CONNAISSANCE, DISCIPLINE, ÉDUCATION, LIENS

B

BELLE ÂME

La belle âme humanitaire est certainement la figure contemporaine la plus typique de cette attitude. Face au désastre mondial, elle souhaiterait que cela se passe autrement. La belle âme est toujours enfermée dans un narcissisme profond, car elle évite la complexité de chaque situation. Elle aimerait que le monde aille mieux, souvent pour son confort psychologique personnel.

Elle se place au-dessus de la mêlée, adopte le point de vue de nulle part. Alors que les militants revendiquent un « ailleurs » passé ou à venir, elle parle depuis un lieu constitué par son moi. Dans un narcissisme total, elle prétend juger le monde à l'aune d'elle-même.

La belle âme est une manière très actuelle d'être sourd à l'appel et d'éviter scrupuleusement tout engagement.

RENVOIS : CONSCIENCE, EXISTENCE, INTELLECTUEL

BIEN (ET MAL)

Il n'existe pas de mal et de bien abstraits. Pensons ici à la manière d'Héraclite, dans le devenir. Bien et mal sont deux devenirs différents par rapport auxquels s'agencent des pratiques, des habitudes et des images diverses. Toute vision d'un bien absolu qui commanderait l'action extrait les hommes de leurs lieux d'existence au nom d'une supposée globalité. Le bien (ou le mal) est structurel, il s'identifie à ce qui compose dans une situation donnée (ou à ce qui décompose). Il faut mesurer la portée de ces affirmations car elles sont loin d'être sans conséquences et éclairent le débat actuel sur l'interventionnisme. Si je dis que le bien et le mal sont structurels, j'accepte l'idée qu'ils peuvent s'agencer de manière différente dans l'histoire, et d'une culture à l'autre à un même moment. Cette position n'a rien à voir avec le relativisme culturel qui proclame à « chacun ses coutumes » et cache souvent le pire européocentrisme. Ma position est au contraire universaliste, mais repose sur le seul universel qui ne soit pas un leurre, l'universel concret. Une société doit compter plus de composition que de décomposition pour se perpétuer. Ce qui compose est du côté de l'augmentation de l'être, de la culture. Le mal se définit toujours par rapport au bien qui existe dans la situation, par rapport à l'affirmation d'une plus grande puissance. Les choses deviennent intolérables au vu de l'émergence d'une pratique nouvelle. L'intolérable est le fruit d'une lutte dans chaque situation.

Lorsque j'arrive dans une culture dont je ne connais rien, la question que je dois me poser est la suivante : sous quelles formes, qui me sont tout à fait étrangères, se manifestent ici les devenirs, les forces qui composent et celles qui décomposent ? La difficulté tient justement à la variation de ces formes, qui peut aller jusqu'à la contradiction. Pour prendre un exemple précis, lorsque je me trouve dans une culture qui pratique l'excision, je suis choqué. J'appartiens en outre à une civilisation dans laquelle les luttes féminines ont changé les rapports de force. Le féminisme est une expérience irréversible. Les cultures qui ne l'ont pas faite sont moins puissantes mais ne sont pas pour autant de pures barbaries. L'irréversible n'est tel qu'expérimenté dans la situation, il ne peut pas être imposé de l'extérieur. Notre culture a créé quelques irréversibles et fait quelques avancées dans l'émancipation des femmes.

L'excision repose dans plusieurs cultures sur un mythe fondateur, celui d'une différenciation des sexes à accomplir. Je peux souhaiter voir disparaître une telle oppression mais je ne peux pas nier que ce mythe fonde un certain lien, et si face à lui d'autres liens alternatifs et plus puissants n'ont pas émergé, il m'est impossible de le considérer comme un mal absolu. Il ne s'agit pas de cautionner ou de laisser faire. Il s'agit seulement de refuser l'idée facile et stupide que tous ces gens ne sont que des barbares. L'excision ne peut être considérée comme un mal absolu avant l'émergence d'un autre possible, le féminisme et la liberté de la femme. La question qui pointe alors est très compliquée, elle tient de l'anthropologie et même de la métaphysique. À un moment donné dans l'histoire, des pratiques comme l'excision ont-elles pu être considérées comme normales, sans que cette culture soit barbare ? Du point de vue des principes, il faut accepter de le penser.

Loin d'invalider mon combat pour l'émancipation de la femme, cette réflexion le fonde. Dans toutes les cultures, certains ont de tout temps dénoncé l'oppression de la femme comme une barbarie. Je ne peux jamais reconnaître l'oppression de la femme comme un bien, c'est-à-dire une composition. Pour deux raisons : parce que toute connaissance approfondie nous conduit à la vie en amitié avec les femmes et parce que, en outre, je suis fait du féminisme. Mon engagement pour la liberté de la femme dans une culture qui pratique l'oppression à son égard doit se formuler ainsi : comment développer ce qui compose du côté de la libération dans cette situation précise ? Concrètement, je peux aller discuter avec ceux qui réfléchissent et pensent l'amitié avec les femmes, qui luttent pour leur libération. Je peux me battre à leurs côtés pour que peu à peu quelque chose qui est universellement vrai émerge là. Si je fais l'impasse sur cette analyse concrète, je me place dans une situation contraire à toute émancipation. Je prétends parler au nom d'une vérité tout à fait extérieure à cette société, qui me place hors situation. La seule éthique possible est une éthique de l'action restreinte.

RENVOIS : ACTION RESTREINTE, CHOIX, EXISTENCE, VIOLENCE

BONHEUR

Le bonheur individuel est un des grands mythes contemporains. Aux idéaux de bonheur et de justice sociale ont suppléé les idéaux individuels. Nous sommes en quelque sorte en train de vivre nos petites chutes du mur de Berlin intérieures car nous avons parié sur l'impossible. Le désarroi est immense. Nous avons fait le pari de la société du bonheur individuel et nous n'avons jamais été aussi tristes. Notre époque tient à ce constat terrible : les gens se rendent compte qu'ils ne font pas le poids face aux contraintes, au quotidien, aux menaces. Nous vivons l'échec de ce second discours, la faillite des idéaux de bonheur individuel après celle des idéaux révolutionnaires.

L'objectif de la grande majorité des personnes qui viennent en analyse est d'être moins malheureux. C'est à la fois l'échec et le danger de la psychanalyse. Les patients veulent aller vers des images identificatoires, le surmoi, l'inconscient, toutes choses qui ne sont qu'un élargissement et une complexification du moi. Le premier geste est d'enjamber le moi mais le second est d'instaurer un moi encore plus fort qui annexe le nouveau territoire, et en fait l'inconscient, le surmoi… Tous les éléments retombent toujours dans l'individu. Non seulement la psychanalyse ne permet pas de dépasser l'individu, mais elle le rend plus fort.

Le bonheur, social comme individuel, relève d'un agencement que nous n'avons pas la capacité de maîtriser. Le sage ne peut pas faire que l'époque compose à sa guise. Si je veux être heureux par-dessus tout, je vais tout simplement agir follement car je m'attache à des données qui m'échappent. Le grand deuil de la modernité consiste en ceci : reconnaître qu'il y a des agencements que je ne maîtrise pas, qu'il y a des temps de guerre et des temps de paix, des situations obscures et d'autres plus lumineuses. Aucun fatalisme ici : il est préférable de ne pas lutter contre des murs infranchissables et de construire dans les fissures des voies d'émancipation. Il est juste aujourd'hui de combattre le capitalisme, l'avancée du panoptique, le devenir-forteresse du monde car la puissance et la vie sont de l'autre côté. Dans la lutte, nous sommes parfois heureux, parfois malheureux, le plus souvent nous ne nous posons même pas la question. Le bonheur est une catégorie mineure qui a été mise au centre par erreur. Elle est trop immédiate pour accompagner les activités du désir. La joie, telle que Spinoza l'a pensée, consiste à être dans le devenir, dans la *praxis*. Le bonheur vient toujours de surcroît. Il est très grave de vouloir absolument s'en tenir à cette catégorie immédiate. Certains parents refusent ainsi de représenter une institution et s'en tiennent à l'immédiat. Ils ne sont pas là pour être heureux ou malheureux avec leurs enfants mais pour maintenir le lien.

Le mot bonheur est tellement galvaudé que nous pouvons à peine revenir à son sens philosophique. Depuis Platon, il signifie l'harmonie, la coïncidence avec l'être, le dépassement des pulsions immédiates, des calculs. L'homme connaît le bonheur lorsqu'il se vit inclus dans l'être, lié à un ensemble, à un tout. Le bonheur est à présent tellement réduit à l'individu heureux que cette langue nous paraît étrangère. Le leurre est total : on en fait un but absolu alors qu'il ne vient que de surcroît, on le lie à l'individu alors qu'il n'est possible que par l'estompement de celui-ci.

Viser le bonheur est vain. Plus le bonheur est individuel, plus il s'éloigne d'un bonheur commun plus puissant. Nous ne sommes jamais plus heureux qu'en nous oubliant un peu. Les Etats-Unis ont inscrit le droit au bonheur dans leur Constitution. Ils ont montré comment cette conception étroite du bonheur est une des racines de l'individualisme. Chacun est heureux à sa façon, et les liens se détissent.

RENVOIS : DÉSIR, INDIVIDU, PSYCHANALYSE, SOUFFRANCE

C

CAPITALISME

Le capitalisme triomphe car il n'est pas une dimension identiiable. Nous connaissons des moments historiques où la structure d'un ordre reposait sur une personne. Le féodalisme par exemple se maintenait grâce au seigneur. Le capitalisme, lui, est fractal. Il n'a pas besoin d'un élément extérieur, il est homogène à la vie de chacun d'entre nous, il existe dans chaque situation. Il demeure même présent dans le projet de créer une communauté non capitalistique. Il revient par la frontière, la négociation nécessaire avec les marchands, les impôts. Il n'y a pas d'îlots possibles dans le capitalisme.

La force du capitalisme est de se reproduire ainsi à chaque échelon. Sa cheville ouvrière est l'individu sérialisé, réduit à ses rapports contractuels avec les autres, qui jamais ne pourra créer d'autres liens et changer l'ordre des choses. Marx avait vu le — danger de cet homme abstrait, qui n'a pas d'autre existence que capitalistique. Si les hommes envisagent leur vie comme une somme de petits contrats, avec leurs enfants, avec leur corps, tout projet d'émancipation est invalidé. Cesser de se voir comme un individu est le grand enjeu de notre époque. Le commun ne peut se construire qu'à travers des pratiques concrètes qui permettent d'expérimenter la possibilité d'enjamber l'individu. La question n'est pas : comment faire comprendre à quelqu'un qu'il n'est pas un individu isolé ? mais, comment expérimenter que nous sommes liés ? Nous avons beaucoup de mal à expliquer, à mettre des mots sur ces expériences du commun. Le changement de point de vue ne peut venir que de l'expérience. Devenir parent signifie sentir immédiatement que notre surface sensible s'élargit, qu'elle ne dépend plus de notre propre corps mais intègre ceux de nos enfants. Dans notre société, la famille apparaît obscure car des liens s'y font jour qui font exploser l'idéologie de l'individu. Dans les années soixante-dix, nous combattions la famille, appareil idéologique d'État. Le néolibéralisme a été si violent ces dernières années qu'il n'y voit plus qu'un lieu d'opacité. C'est une des grandes ironies de notre époque.

En revanche, au sein de chaque situation, il peut exister des expériences non capitalistiques (penser, aimer, peindre…) qui créent des tensions internes. La lutte contre l'hégémonie ne doit pas s'attaquer à une globalité qui dépasserait les situations mais s'organiser au sein de chacune d'entre elles. Celui qui assume son existence comme un devenir crée de fait des lignes de résistance au capitalisme. Il existe partout des lieux de résistance au capitalisme, à la condition qu'ils ne soient pas étanches – car ils ne sont alors que de l'individualisme élargi.

Les sectes, communautés, kibboutz développent des solidarités internes qui ne sont en rien anticapitalistes. Revenons à la monade de Leibniz pour bien poser la différence. La monade n'a ni porte ni fenêtre mais son fonctionnement reflète l'univers. Elle est mon rapport au monde, à l'inverse de ces espaces d'évitement du monde. L'engagement commence dans mes rapports avec mes enfants, mon quartier, mes projets de vie : je continue à me penser comme un individu isolé, et j'expérimente que ce qui m'arrive, cela arrive.

Nous sommes incapables d'imaginer un monde non capitalistique et tenter de le faire nous conduit inéluctablement à l'impuissance. Toute image de cet autre monde nous fait sombrer dans l'irrationnel. Nous devons résister à cette pensée magique : il n'y a pas d'après-capitalisme possible aujourd'hui. Nous sommes les hommes du capitalisme et, en tant que tels, nous devons nous poser cette question : que faisons-nous ? La résistance du ghetto de Varsovie me paraît emblématique de cette attitude. Ces hommes vont mourir et ils le savent. Quand ils se réunissent, ils n'envisagent jamais la possibilité de leur survie, ils laissent de côté cette hypothèse et décident de gérer leur vie jusqu'à la dernière minute. Leur mort fut si féconde qu'elle alimente toute révolte, éthique, toute position d'émancipation et de dignité. Bien évidemment, ils ne l'ont pas fait pour cela mais leur action fut si riche qu'elle se déploie encore. Assumer le fait d'être les hommes du capitalisme ressemble assez peu à être juifs dans le ghetto de Varsovie – même si le risque de mort est réel pour certains. Mais notre problème se formule pareillement :

il ne s'agit pas de rêver de vaincre le capitalisme mais de cerner les combats à mener en son sein. Nous ne savons pas ce qui va advenir et si le capitalisme est un horizon dépassable, mais ce que nous savons, c'est qu'il peut être ici et maintenant un horizon non saturé.

RENVOIS : AGIR, INDIVIDU, RÉSULTANTE

CENSURE

Mis à part quelques dictateurs qui pensent encore que des idées isolées de toute pratique peuvent se révéler dangereuses, le pouvoir a très bien compris qu'il n'y a nul besoin de censurer les gens. Plus ils parlent, plus ils sont saturés d'informations, moins ils agissent.

La censure n'est pas notre problème, l'autocensure l'est bien davantage. Les gens se censurent eux-mêmes avant d'y être obligés. Nous ne parlons plus ici d'une censure politique mais d'une censure de connivence, lorsqu'un groupe a la force d'en faire taire un autre. L'autocensure est une réalité immense.

Elle se nourrit de la peur, de l'attente et des réseaux. Nous sommes tellement éloignés du réel que l'immédiat s'identifie à la personne avec laquelle nous avons dîné la veille et que nous ne voudrions pas fâcher, à celle chez qui nous souhaiterions être édité… L'autocensure commence par cette réflexion : « Je ne peux pas dire cela car je ne veux pas gêner. » Le monde réel devient alors un tas de petits arrangements au nom de connivences de pacotille. L'autocensure précède mais rend possible la censure. Ce qui paraît légitime deviendra légal et il paraît si légitime de se taire aujourd'hui qu'il ne faudra pas s'étonner d'une accommodation légale de cette censure existante. La censure viendra si l'on persiste à l'appeler.

Il existe une autre forme de censure dans nos sociétés, la censure économique. Les discours dont elle se sert ne semblent pas idéologiques mais pragmatiques. Elle bénéficie ainsi de toute la force de l'idéologie dominante qui justement n'apparaît jamais comme idéologique. La résistance à cette censure insidieuse passe par la lutte contre l'économisme. Disputer des espaces à l'économie, accepter que les productions de l'art, de la pensée, de l'écriture ou de la recherche n'intéressent pas forcément le plus grand nombre. L'impératif économique est quantitatif. L'idée que tout devrait intéresser tout le monde est la loi du marché néolibéral. Nous revendiquons au contraire que certains livres, certaines recherches fondamentales, certaines œuvres intéressent un petit nombre de personnes. La résistance à la censure néolibérale passe par une création qui ne se soucie pas de toucher le plus de personnes possibles.

RENVOIS : AGIR, ATTENTE, JUSTICE

CHOIX

Les choix sont toujours infinitésimaux. Lorsque j'étais résistant contre la dictature, j'avais fait le choix, infinitésimal dans cette situation, de ne jamais céder à la tentation du terrorisme. Face à moi, le choix du policier en salle de torture, son choix infinitésimal, aurait pu être de ne pas violer cette fille que tous ses collègues avaient déjà violentée avant lui. Entre ces deux choix, il n'existe aucune différence qualitative. Ces deux actes ont la même profondeur et la même importance. Ensuite, à chacun de travailler. Ce tortionnaire pourra le lendemain ne plus vouloir torturer, fournir une information à son voisin, puis peut-être en viendra-t-il à penser que ce qu'il fait est horrible… peu à peu. On ne franchit jamais le Rubicon d'un point de vue moral. Nos choix s'insèrent toujours dans la maille très serrée du quotidien. Nous connaissons tous ces moments où, de manière infinitésimale, nous nous plaçons du côté de l'agir. Rien n'est plus absurde que le refrain de la chanson : « On ne connaîtra jamais ce qu'on a dedans. » On connaît toujours ce qu'on a dedans, on a toujours dedans ce qu'on a dehors. En clair, cet artiste sait bien comment il se situe en tant que chanteur, s'il fait de la musique ou ne cherche qu'à gagner de l'argent, en tant que citoyen, s'il s'inquiète du sort des sans-papiers ou s'il souhaite vivre dans une forteresse… L'idée stupide de l'individu voudrait qu'à l'arrivée des nazis je devienne Jean Moulin. Jean Moulin fut un homme éveillé toute sa vie et, à un moment donné, il fait le choix, infinitésimal étant donné son histoire, de la résistance.

La question est alors quantitative. À force de choisir de façon infinitésimale la facilité, la fainéantise ou la lâcheté, on finit par construire une vie de lâche. Trop aimer l'argent, le pouvoir, vient tout de même s'opposer à la connaissance. Plotin, dans la dernière partie des *Ennéades*, écrit : « aller seul vers le seul, se déplaire des choses du monde ». Il ne s'agit pas de vanter une ascèse qui consisterait à maîtriser ses pulsions. La distinction ne se fonde pas sur une morale mais sur le temps passé à rechercher le pouvoir ou au contraire la connaissance, à prêter l'oreille au chant des sirènes ou à résister. Il vaut mieux éviter les mauvaises rencontres et, aujourd'hui, celles de l'argent et du pouvoir nous poussent par exemple à nous montrer mesurés en toutes circonstances. Les Indiens ont cette formule : « Nous sommes déjà morts. » Ce qu'ils signifient là, c'est qu'il faut parfois mourir un peu à l'accident. Le choix n'est jamais « révolutionnaire ». À un moment donné, on prend conscience d'avoir tellement insisté dans une direction que la décision s'impose, qu'elle est en fait déjà prise.

Dans les prisons en Argentine, je m'entretenais longuement avec ceux qui avaient été torturés et qui avaient parlé. Ceux qui revenaient étaient tout autres : ils tenaient les mêmes discours mais semblaient ne plus être là. Je voulais comprendre ce phénomène et maîtriser ainsi ma propre peur de la torture. Si une telle discontinuité pouvait à ce point détisser un homme, je me disais que la barbarie avait toutes les chances de l'emporter. Je voulais montrer cela à mes camarades et à moi-même : jamais, dans la vie, il n'y a un choix qui ne soit infinitésimal ; il n'y a, dans l'existence, aucune véritable discontinuité. Face à ces hommes détruits qui finissaient parfois par dénoncer, par torturer à leur tour, je cherchais désespérément à prouver cela. Ceux qui avaient connu ce moment de faiblesse radicale se vivaient comme absolument étrangers à eux-mêmes. Mon travail auprès d'eux était de réparer, de reconstruire tous les maillons de l'histoire, de leur montrer que cette discontinuité traumatique était une croyance très perverse. L'expérience avait été très dure mais, au-delà d'elle, tout était à jouer au présent. Mon pari était politique et psychanalytique. Je me battais contre une double illusion. D'un côté, la croyance de ces hommes d'être tout autres et de vivre une sorte d'épilogue aberrant. De l'autre, la position de l'organisation qui les jugeait comme des traîtres et refaisait l'histoire pour prouver qu'ils avaient toujours été faibles.

Ces hommes voyaient leurs aveux comme un choc irréversible qui scindait à jamais leur vie et leur identité, ils s'enfermaient dans la tristesse ou tentaient de se donner une cohérence en prétendant ne plus croire à la libération. Mais chaque jour la vie dans la prison apportait son lot de solidarité, de création, de lutte. Chaque heure retissait le quotidien. Ce qui était apparu comme une rupture était sans cesse retravaillé. Tout restait à faire. Mon travail consistait alors à les accompagner pour que ce retissage soit la consolidation de ce qu'ils étaient. La discontinuité n'existe pas. Il n'y a pas de rupture que la vie ne finisse par retisser.

RENVOIS : AGIR, INDIVIDU, MODE

CHÔMAGE

La société disciplinaire n'a pas besoin de résoudre les problèmes mais de classifier. Elle utilise pour cela de multiples étiquettes qui font disparaître des centaines de personnes. Si mon frère se trouve sans emploi, cela me touche dans mon quotidien. Je suis sensible à toutes les difficultés qu'il rencontre : la déprime, la remise en cause de lui-même, l'organisation de chacune de ses journées... Lorsque la société disciplinaire pose l'étiquette « chômage », elle crée une distance. La question du chômage comme catégorie sociologique ne me regarde pas. Je n'en suis qu'un spectateur, content ou contestataire mais extérieur. L'étiquette uniformise cette population et l'éloigne irréductiblement. Si je suis moi-même chômeur, je vis cet éloignement par rapport à moi-même. Un chômeur n'a jamais de temps libre car, durant les heures où il devrait se socialiser, il n'expérimente que le vide. Sa vie est une privation permanente. L'invalidation sociale est si forte qu'elle ne lui donne pas la possibilité de faire autre chose.

Cet exemple nous révèle la fonction des étiquettes : éloigner des populations, désubstantialiser des situations concrètes. La seule attitude subversive réside dans le rejet de cet étiquetage. Il existe des problèmes d'exploitation, d'utilisation de la main-d'œuvre mais il n'y a pas de « chômeurs ». Cette étiquette nous condamne à une division de la vie qui nous place immédiatement les uns contre les autres et ne correspond pas à la réalité : un être humain peut ne pas travailler et ne pas être au chômage. L'engagement commence par le refus de penser la société dans les mêmes termes que l'idéologie disciplinaire. Il ne s'agit pas de nier la réalité de ceux qui n'ont plus de travail salarié, de cette main-d'œuvre victime de la brutalité du néolibéralisme. Mais il faut refuser les étiquettes qui viennent estomper la réalité complexes de leur vie. Le chômage définit une population par défaut, qui va confirmer cette étiquette par l'intégration de cette idée. Pour un chômeur victime de l'étiquetage social, tout est vide. Pour celui qui utilise son temps pour vivre, tout est plus complexe. Les militants de l'APEIS assument cette tension : ils résistent en tant que chômeurs et se proclament dans le même temps acteurs sociaux. Toute la difficulté consiste à lutter depuis l'étiquette tout en mettant en avant d'autres dimensions. Le même raisonnement peut être tenu à propos des SDF. Si mon ami est dans la rue, cela entre dans mon quotidien. Si je connais les quinze personnes qui n'ont pas de domicile dans mon quartier, cela me regarde. L'étiquette « SDF » me permet en revanche de virtualiser l'autre immédiatement, le « SDF » est un problème de société qui me concerne seulement au moment du vote. Les étiquettes regardent les citoyens tous les cinq ans.

RENVOIS : AGIR, NORME, RESPONSABILITÉ, VIRTUEL

CHRONIQUE

Faire une chronique quotidienne sur France Culture était pour moi un test. Je voulais savoir s'il était possible de faire entendre des voix minoritaires au sein d'un média important. Chaque matin, par rapport à un fait concret, j'exprimais ce point de vue. Ma chronique était une tribune. Ce sont les gens engagés dans l'action qui m'en fournissaient la matière. L'expérience d'un devenir minoritaire au sein d'un grand média est forcément éphémère, son existence est sans cesse remise en cause.

L'exercice de la chronique permet aussi le travail philosophique sur les mots. J'ai réalisé une trentaine de chroniques autour du mot espoir et de l'idée que, seul le désespoir est révolutionnaire. Cette réflexion venait après plusieurs chroniques sur l'attente et les auditeurs ont très bien compris le lien. Il s'agissait pour moi de donner des instruments pour permettre aux gens de faire leur propre agencement.

Renvois : Censure, Philosophie

COMMUN

Nous sommes aujourd'hui dans un tel rapport de force que certains raccourcis sont très tentants. Face à l'horreur économique, nous voudrions par tous les moyens trouver du commun dans notre époque. La grande illusion consiste alors à construire ce commun d'en haut, à partir d'un modèle. Les partis de gauche cherchent ainsi désespérément à créer un être par agrégation (qui réunirait les revendications des homosexuels, des femmes, des travailleurs, des immigrés…). Ils échouent forcément à créer un lien qui n'existe pas dans la réalité. La gauche fait comme si le commun était décidable, de l'ordre d'un choix, elle croit qu'il émergera d'un pacte social, d'une *agora* collective. Le collectif n'est pas une garantie du commun. Le commun est un autre niveau de l'existence, l'expérimentation que nous sommes tous embarqués. Lorsque le bateau essuie une tempête, nier le commun permet de ne pas voir notre propre impuissance. Si je regarde le monde depuis ma petite cabine, je ne vois pas le bateau couler.

Pour reprendre les mots d'Héraclite, le monde est fait d'hommes éveillés et d'hommes endormis. Les éveillés savent qu'ils habitent le commun, les endormis se comportent comme s'ils l'ignoraient. Ils en font également partie mais ils agissent d'une telle façon qu'ils en diminuent la puissance et l'appauvrissent. Par leur ignorance ou leur surdité, ils démolissent le commun qui les constitue pourtant. Ils gagnent souvent leurs petits combats égoïstes mais, comme ils font partie de l'humanité, ils perdent toujours la guerre.

L'obscurité de notre époque tient en ceci : le seul socle commun que nous pouvons trouver à la multiplicité des actions qui se développent est précisément l'absence de tout axe central. Chacun lutte dans son coin, parfois des affinités électives créent un front commun mais pas davantage. Si l'on croit aujourd'hui cerner le commun, on se trompe lourdement. Même le néolibéralisme ne peut tenir lieu d'ennemi commun car il s'inscrit au cœur de notre existence. Autant assumer notre temps : nous partageons quelque chose de très paradoxal, le fait de ne pas répondre à une centralité. Les personnes âgées, les intermittents, les chômeurs relèvent tous du surnuméraire qu'une société utilitariste refuse mais cela ne suffit pas à construire du commun. Il ne s'agit pas d'être dupe et de nier les causes récurrentes de ces différentes exclusions. Mais le commun ne saurait se réduire à ces attaques du néolibéralisme, à ces souffrances communes. Il est l'autoaffirmation d'autre chose. Il est impossible de savoir de quel côté il va se construire, les foyers les plus productifs sont aussi les moins repérables. Acceptons qu'il n'y ait pas de raccourci, ni de modèle. Revendiquer ensemble ou signer une pétition sont des actes nécessaires pour maintenir un rapport de force mais ils ne suffisent pas à créer du commun. Ne cédons pas à la tentation de « bluffer » l'adversaire ou de rassurer les militants. Seules les pratiques dans lesquelles chacun développe son activité permettront la construction du commun. Dans notre monde de la sérialisation, il nous faut apprendre une étrange radicalité : agir autrement, dans une extrême singularité pour dessiner un nouveau commun.

RENVOIS : AGIR, CAPITALISME, INDIVIDU

COMMUNICATION

La vie n'est pas communicante. Nos œuvres émergent de l'appel qui nous est propre. Elles peuvent rencontrer l'appel d'un autre, composer avec lui, le potentialiser. Jamais nous n'écrivons pour éclairer ou informer les autres mais pour répondre au défi qui nous constitue, pour créer une ligne de composition, pour constituer un nouveau paysage. L'abbé Pierre en 1954 dit, avec beaucoup de force, « je sens un appel », et se lance dans l'action. D'autres composent avec lui car ils sentent en eux ces mêmes questions. L'idéologie dominante voudrait que l'appel ait pour but d'éveiller les consciences. L'appel au contraire est singulier, il peut composer mais ne se communique pas.

La communication advient toujours de surcroît. Notre époque en a fait pourtant un impératif premier. Les médias n'ont plus pour mission de rendre visibles les créations qui se développent mais ils sont devenus des lieux où seul le communicable trouve sa place. Le diktat de la communication est un diktat nihiliste et réactionnaire. Les gens font les choses en pensant d'emblée à la façon dont ils vont communiquer dessus. Les moyens de communication se transforment alors en des moyens disciplinaires terribles, qui nous mettent tous en série. La seule chose importante est d'adhérer à cet idéal panoptique, en laissant de côté le contenu toujours trop opaque.

Le commun qui se développe au sein de créations, de devenirs minoritaires, crée souvent des niveaux de communication. L'inversion nihiliste consiste à croire que le commun naît de la communication. Elle n'en est jamais qu'une dimension, qu'un corollaire secondaire. « Etre en communication » ne signifiera jamais « être en rapport ». Deux individus peuvent s'entraider sur un projet car ils ont compris qu'il était de leur intérêt de s'allier. Ils ne sont pas pour autant en rapport. Les véritables rapports se situent au niveau ontologique du soubassement. Lorsque la communication devient un impératif, elle ne crée pas plus de commun mais détruit en outre celui qui existe.

RENVOIS : APPEL, CONNAISSANCE, DISCIPLINE, FANTASME, PAYSAGE, TECHNIQUE

COMPLEXITÉ

La complexité est un mot qui doit être mis en dispute. Lorsque j'utilise ce mot, je suis toujours obligé d'en préciser le sens. Il faut en quelque sorte le récupérer de sa place d'étiquette, d'instrument réactionnaire, et dévoiler son contenu, l'articuler avec d'autres concepts. La complexité est en effet aujourd'hui le mot d'ordre de la majorité et de l'impuissance. Elle met fin à toute tentative de jugement, elle nie toute jurisprudence. Elle est devenue un prétexte à l'inaction : le monde est toujours trop complexe pour que je m'engage.

La complexité du réel est pensée depuis longtemps en sciences. Dans un processus, elle désigne l'évolution que l'on ne peut pas prévoir car elle met en jeu des variables indénombrables au départ de l'expérience. L'existence suit le même schéma. Un ensemble de pratiques, d'énoncés, de réalités contradictoires et diverses occasionnent en permanence une résultante inopinée. La société n'est qu'un agencement de niveaux de complexité différents, d'où émergent des résultantes imprévisibles qui s'agencent à leur tour.

Dans toute collectivité, il existe une infinité de revendications, de tendances opposées et toutes légitimes.

La complexité est une grille de lecture, elle envisage le réel comme un processus. Elle n'est pas une nature, une métaphysique ou encore une loi, mais une construction, une hypothèse, qui nous permet une approche du réel plus concrète. Un ensemble complexe n'est pas polarisable, il n'est pas pensable en termes linéaires, il ne se totalise pas dans une théorie qui déterminerait tout, il accepte au contraire en son sein des contradictions permanentes. La complexité nous conduit à reconnaître la multiplicité du devenir, une multiplicité qui va jusqu'à la contradiction. Prenons un exemple contemporain. Il ne suffit pas de produire des médicaments génériques pour qu'ils soient utilisés, car il existe un effet placebo. Si l'on en reste à un raisonnement linéaire, on ne peut que s'étonner de l'échec de ces médicaments moins chers et constitués de la même molécule. La valeur des génériques est une vérité dans une certaine dimension mais elle ne suffit pas à leur succès. Si j'ignore la complexité, celle en l'occurrence de la place du médicament dans la médecine occidentale, je jette les génériques ou je les impose de force. Je peux au contraire continuer à développer ces médicaments et garder à l'esprit que ma recherche va s'agencer avec la multiplicité de cette question. La conscience de la complexité guide alors mon travail de manière plus efficace.

De nombreuses entreprises, et même la Banque mondiale, commandent, sans aucun d'état d'âme, des études sur les comportements contradictoires et aléatoires de la population. Il est d'autant plus urgent de tenir compte de la complexité dans la pensée de l'engagement que les chantres du néolibéralisme l'ont intégrée depuis longtemps dans leurs pratiques. Tous les directeurs de communication savent que la valeur de leur produit compte moins que la façon dont il s'accorde à l'imaginaire de l'époque. Si nous nous contentons de répliquer que le produit est mauvais, qu'il nuit à l'environnement, nous faisons fi de la complexité et nous sommes battus d'avance. Nous avons beaucoup de retard, et la gauche en a la lourde responsabilité, elle qui s'est toujours gardée de se confronter à la complexité.

Les révolutionnaires ont cru qu'ils pouvaient polariser la société par la raison, le parti. Ils se sont heurtés à la complexité du réel, à des données très concrètes. Lénine était obsédé par la question de la prise du pouvoir et du maintien au pouvoir. Que les gens mangent à leur faim, aient l'électricité même dans les villages les plus reculés, la médecine, les écoles…, tous ces intérêts légitimes et opposés présents dans le pays ne le concernaient pas. Le parti du prolétariat étant porteur de l'universel, tout devait se résoudre.

Mais les révolutionnaires ne sont pas les seuls que la réalité a fini par rattraper. L'expérience socialiste de 1981 est encore dans tous les esprits. Les réformistes qui avaient pourtant une expérience de la gestion ont échoué eux aussi. Ils n'avaient pas anticipé la fuite des capitaux, l'importance des réactions… Toute l'Europe était rose, il faut relire les propositions de Mitterrand pour mesurer la déception. La deuxième Internationale échouait dans son programme : faire barrage au néolibéralisme. Cette désillusion n'est d'ailleurs pas étrangère à l'obscurité de notre époque. Nous ne pouvons plus croire à la révolution, ni à la réforme. Le capitalisme fait partie de la complexité du réel, il est une tendance forte de notre monde, il ne peut pas être regardé du trottoir d'en face. La résistance se fourvoie si elle prétend créer un au-delà de l'existant et se placer au-dessus de l'ensemble complexe de la société.

Dans les années 1980, la complexité est devenue le mot d'ordre de la droite réactionnaire. À ceux qui voulaient changer le monde, elle opposait cette idéologie simpliste. Le sens de la complexité fut alors dévoyé et servit à délimiter deux camps : d'un côté, ceux qui assumaient la complexité et prétendaient qu'on ne pouvait rien changer ; de l'autre, ceux qui lui tournaient le dos et continuaient à parler de changement en des termes imaginaires. Nous avons hérité de cette distribution : abandonner la lutte ou résister en niant la complexité. Il n'y a pas à chercher de solution très compliquée : seule l'action concrète permet de résister en s'inscrivant dans la complexité du réel. Le défi de la gauche est là : articuler enfin l'agir et la complexité.

Renvois : Action restreinte, Capitalisme, Politique

CONNAISSANCE

Nous comprenons de plus en plus de choses… sans jamais les connaître. Connaître suppose de se placer dans la longue durée, d'envisager ce qui existe à partir d'un soubassement très ancien que nous ne saisirons jamais entièrement. Connaître, c'est accepter le non-connaissable. Nous accumulons de nouveaux savoirs mais ils sont immédiatement intégrés dans une logique utilitariste. La recherche est sans cesse ramenée à une somme d'informations et de savoirs utilisables. La distinction posée par Spinoza et éclairée par Deleuze entre les trois niveaux de connaissance est fort instructive si on l'applique à notre époque. Ces trois niveaux de connaissance ne sont pas des niveaux de compréhension ou de savoir mais des niveaux d'existence. Ils sont intimement liés à l'expérience de la vie et à l'engagement.

Le premier niveau, celui que Deleuze appelle « les corps qui s'entrechoquent », est purement imaginaire. Les rapports que nous avons avec les autres et avec nous-mêmes sont marqués par une méconnaissance totale. Deleuze cite un exemple qui éclaire le caractère illusoire de cette vie : quand je ne sais pas nager, si la vague me soutient, je dis qu'elle est bonne. Si elle me renverse, je dis qu'elle est mauvaise. Dans ce premier niveau, tout ce qui survient est rattaché à moi, j'aime ou je déteste les êtres et les choses pour les mêmes raisons. Je me situe dans une logique de l'affrontement où tout est possible, tant que l'autre ne me tue pas. Ce niveau est réel mais il ne permet à lui seul aucune vie sur terre. Même les animaux n'y limitent pas leur existence.

Le deuxième niveau est celui de la connaissance par les rapports et les causes. Ce qui est fondamental n'est pas de comprendre ces rapports mais d'agir selon eux, de les expérimenter. J'apprends à nager, je connais mon rapport avec l'eau, je sais pourquoi une vague me jette par terre. Les animaux sont dans ce niveau d'expérience, ils distribuent leur territoire en fonction de certains rapports, ils ne font pas n'importe quoi. Ce niveau rend la vie possible.

Le troisième niveau de connaissance s'ouvre sur l'éthique, l'expérimentation que nous sommes dans un devenir, inscrits dans un processus qui nous dépasse. Je ne saisis plus isolément le paysage, l'autre, moi, et même le rapport qui nous lie. Je comprends tout cela dans une unité. Le troisième niveau est celui de la *praxis*.

Personne n'existe seulement au deuxième ou troisième niveau mais beaucoup ne vivent qu'au premier. Tout est une question de quantité. Plus on reste au niveau de l'affrontement, moins on existe. Plus on expérimente la connaissance du deuxième ou troisième palier, plus on accède à des niveaux d'existence riches.

Ces formes de connaissance sont encore une fois des modes d'agir, et de pâtir parfois. Elles permettent de mettre en lumière l'engagement dont nous parlons ici. Je lutte par exemple contre les oligarques sud-américains qui possèdent les terres, tuent les Indiens… Je peux m'opposer à eux parce que je suis né dans l'autre peuple, parce qu'ils ont tout et moi rien. Mon engagement compte alors de nombreuses failles. Je suis indifférent aux autres, aux moyens, je me bats pour ce que l'ennemi possède et je demeure au même niveau que lui, le premier. Je peux me placer à un deuxième niveau, celui auquel nous invite Marx. La lutte des classes ne se résume pas à l'affrontement entre ceux qui possèdent et ceux qui n'ont rien. Il existe un système qui englobe les deux camps. Les rapports de production structurent ce qui apparaît comme une lutte. J'oriente alors ma résistance en vue de changer ce rapport. Si je me situe au troisième niveau, je comprends tout cela comme un processus global, je ne crois pas que le changement des rapports sera la fin de la lutte. Les corps qui s'entrechoquent, les rapports qui les ordonnent font partie de l'existence d'une époque.

Dans nos combats, nous experimentons – au mieux – les trois niveaux. Contrairement à la sagesse New Age, le troisième niveau ne m'éloigne pas du rapport de force mais m'oblige à l'assumer. Puisque je sais appartenir au processus, je résiste à tout ce qui le bloque. Le troisième niveau ne m'exempte pas de la lutte mais me plonge dans la situation.

Au premier niveau, je suis dans le faire et le pâtir. Au deuxième, la compréhension que j'ai des mécanismes en jeu ne me met pas systématiquement du côté de l'agir. Le plus grand scientifique, économiste ou penseur peut même demeurer au premier niveau si tout son savoir n'est utilisé que de façon utilitariste, pour sa carrière personnelle par exemple. Le troisième niveau en revanche est celui de l'agir. Connaître le processus, l'assumer, nous pousse à y inscrire notre lutte. Sans rêver de connaître le fin mot de l'histoire, sans séparer les moyens et les fins, il nous faut agir.

Notre langue ne peut se reconstruire sans un retour à la connaissance. Nous développons pour l'instant des langages régionaux, techniques, nous communiquons très bien mais toujours au premier niveau de connaissance. Pour refonder une langue, pour que les mots n'expriment pas seulement des accidents sans aucun rapport entre eux, la connaissance du troisième niveau est fondamentale. La langue devient sophistique quand elle se sépare du processus et ne parle que de choses abstraites dans une sorte d'érudition vide.

RENVOIS : ACTION RESTREINTE, EXISTENCE, HISTOIRE, LONGUE DURÉE, TECHNIQUE

CONNAIS-TOI TOI-MÊME

Vouloir se connaître soi-même est l'un des pièges les plus dangereux de notre époque. La signification profonde du « connais-toi toi-même » est à l'opposé du souci actuel de l'individu envers ses accidents. Cette exigence conduit de façon tout à fait inverse à constater ce qui, de notre personne, excède. Dans l'existence quotidienne, nous expérimentons tous des moments d'oubli de soi. Nous ne sommes jamais plus nous-mêmes que dans ces moments-là.

Nous sommes aujourd'hui amoureux de nos accidents et de cette façon de nous rendre présents à nous-mêmes. Du temps des mystères d'Égypte, l'astrologie consistait à rechercher en soi l'harmonie avec l'univers. Elle ne sert plus à présent qu'à expliquer les caprices de notre petite personne. Se connaître soi-même, c'est au contraire se rendre attentif à ce qui, en nous, déborde de l'accident. Lorsque j'étais enfant en Argentine, je jouais souvent avec des petits soldats de plomb. Un jour, j'inventais un jeu dans lequel les soldats tuaient les généraux. Dans ce que j'entrevoyais de la dictature et des appels à la liberté, la question de la justice sociale m'a débordé et accompagné jusqu'à présent. Un psychanalyste pourra m'expliquer que ma mère était juive française échappée de la France occupée, que mon père... Tout cela est vrai sauf lorsque l'on veut établir un lien de cause à effet. La résultante est toujours catastrophique.

Aller vers son inconscient ne signifie pas se connaître soi-même. L'inconscient n'est pas un niveau plus profond de connaissance. Nous avons intérêt à bien poser cette différence : aller vers l'inconscient de quelqu'un, ce n'est pas aller vers l'universel ou la longue durée mais seulement complexifier les rapports entre les accidents. En tant que clinicien, je soigne tous les jours des personnes à ce niveau des accidents : comment cela fonctionne, comment éviter les pièges, comment déplacer certains éléments pour que le vécu soit moins douloureux. En psychanalyse, nous ne jouons pas avec les notions d'efficacité comme dans les théories comportementalistes. Nous ne sommes pas là pour changer la constellation qu'est la personne. Mais si quelques éléments s'articulent différemment, le symptôme douloureux prend une autre place. Il devient moins important ou tout simplement moins déterminant. Dans ce sens, il est possible de travailler sur les accidents. Je suis parfois tenté de démontrer à mes patients que la véritable recherche est ailleurs mais, la plupart du temps, j'accepte de soigner les accidents.

RENVOIS : EXISTENCE, MODE, PSYCHANALYSE

CONSCIENCE

Ce que nous allons développer ici constitue un formidable défi pour la pensée de l'engagement et de l'agir. L'essence même de l'engagement existentiel est de retrouver les conditions d'un retour à l'agir dans notre époque. Depuis le positivisme d'Auguste Comte, nous vivons sur cette idée qu'il faut connaître pour agir. Toute la pensée de l'éducation et de la militance repose sur cette hypothèse. Notre époque a fondé en sciences de quoi remettre en cause cette théorie. Les découvertes scientifiques éclairent aujourd'hui ce que Leibniz expliquait comme la différence entre perception et aperception. Nous pouvons partir de ce point pour inventer une nouvelle forme d'engagement.

Mon corps perçoit des milliards de gouttelettes d'eau et, à un moment donné, j'aperçois un bruit que je dis être le bruit de la vague. Le bruit de la vague n'existe pas isolément, il est constitué de toutes ces gouttelettes d'eau qui sont le soubassement de son aperception. Mon corps est en relation permanente avec tout ce qui l'entoure. En tant que partie extensive, je suis plongé dans des perceptions infinitésimales infinies qui ne parviennent jamais à la conscience, qui ne sont jamais « aperçues ». Je suis sans cesse engagé dans ces perceptions qui ne sont pas passives mais des interactions microscopiques et infinies avec tout. Un petit sous-ensemble de cette perception diffuse et sans aucune limite devient aperception. Parmi l'infinité des choses que je perçois, je fais mienne une petite partie, je m'aperçois d'une faible portion. N'importe quel animal et même d'autres formes de vie fonctionnent selon ce schéma perception /aperception.

L'aperception délimite mon être au monde, le soi. La conscience n'arrive qu'après. Elle est une petite partie de cette aperception qui elle-même représentait une petite portion de la perception. Certains animaux sont capables d'aperception, d'images et de représentations sans pour autant avoir de conscience. Il existe en outre de nombreux phénomènes de l'aperception dont je ne suis jamais conscient. La perception se passe dans un présent très étendu, l'aperception n'arrive qu'après un temps de décalage car elle en est une résultante. La conscience n'intervient que dans un deuxième après-coup. Une expérience très concrète peut nous aider à comprendre la place de la conscience, celle du seuil d'accoutumance. Si je suis habillé selon la saison, je ne sens pas le poids de mes habits. Quand il fait froid, je n'ai pas conscience de la lourdeur de mon blouson de cuir mais, lorsqu'il fait chaud, cette aperception devient conscience car elle déborde le seuil d'accoutumance. De même, je perçois certains bruits que je n'aperçois jamais, comme les ultrasons par exemple. Et je prends seulement conscience, parmi les bruits que j'aperçois, de ceux qui dépassent un seuil d'accoutumance. La conscience est très limitée, elle est incluse dans deux ensembles beaucoup plus vastes qu'elle, l'aperception et la perception. Elle est intermittente et toujours en retard par rapport à l'existence.

Les conséquences sur la pensée de l'engagement sont radicales. Mettre comme condition de tout agir la décision consciente devient tout simplement impossible. C'est demander à l'instance la plus minime et la plus décalée d'être le lieu crucial. Nous nous apercevons d'une réalité existante et nous prenons conscience d'une réalité existante et aperçue. Les devenirs de la perception et de l'aperception sont déjà engagés lorsque la conscience advient enfin. Plus la conscience s'enfonce dans la croyance en elle-même, dans l'illusion de la maîtrise des événements, plus elle s'éloigne de la perception et de l'aperception, plus elle se perd dans un pur imaginaire qui la sépare de son soubassement matériel. Si elle s'intéresse au contraire à la frontière qui sépare la perception et l'aperception, elle peut travailler à une pensée autre, à l'élargissement de l'aperception.

Dans l'éducation comme en politique, nous vivons sur l'idée qu'il faut d'abord être conscient des choses pour décider de les changer. Cette voie est pourtant ontologiquement condamnée à l'impuissance. Nous devons refuser l'hypothèse d'une prise de conscience comme objectif du politique. Il ne sert à rien de faire un journal, une réunion, un livre, pour que les gens agissent. La fonction de ces initiatives est toujours autre : brasser l'opinion dans le sens du souhait, donc de l'impuissance, ou travailler la combinatoire de la pensée et des pratiques. Si je renonce à l'idéal du moi, je peux en revanche mettre ma conscience au travail pour tenter de mieux comprendre, d'expérimenter ces devenirs dans lesquels je me trouve engagé. La décision n'est qu'un moment narcissique où la conscience se donne une cohérence en faisant semblant de décider ce qui existe déjà depuis très longtemps. Les expériences de séparation conjugale sont le triste exemple de cette illusion. Les gens disent toujours : « Nous aurions dû nous séparer il y a deux ans. » Ils s'aperçoivent que la séparation avait déjà commencé et que, de manière infinitésimale, cela fait deux ans que tout s'est agencé pour aboutir à la situation présente. La décision n'est donc que la confirmation d'un mouvement engagé bien avant. Ils décrivent en fait le mécanisme de tout processus conscient. La perception est ici constituée des pratiques diverses qui font que les deux conjoints investissent le monde dans des sens de plus en plus différents. Un temps non négligeable est nécessaire pour qu'ils s'aperçoivent de ce malaise. Beaucoup plus tard encore, ils en prennent conscience et pensent décider la séparation.

Cette vision naïve qui nous fait dire que « nous aurions pu nous éviter deux ans de disputes et de tristesse » fonde pourtant une grande partie de l'éducation, de la politique, de la psychanalyse. Si beaucoup sont prêts à reconnaître que la conscience est en retard – il n'y a là rien de nouveau, Leibniz l'écrit déjà –, peu tirent toutes les conséquences de ce décalage. Lorsque la conscience réalise enfin ce qui s'est passé, il est en train de se produire une quantité d'autres choses dont elle n'aura connaissance que bien après. Les gens acceptent l'idée que la séparation est engagée depuis deux ans mais voudraient décider maintenant qu'ils ont pris conscience de cela. À cet instant précis, ils sont pourtant engagés dans d'autres devenirs qu'ils ignorent tout autant. L'illusion de la conscience revient sans cesse. Ce point est fondamental : la conscience n'est pas seulement en retard, elle manque toujours le présent. Le présent bien plus que le passé encore lui fait défaut. Elle ne peut pas être un lieu de décision efficace.

Tous les philosophes matérialistes qui mettent la conscience au cœur du processus d'engagement continuent à en être dupes. Ils se comportent comme le mari alcoolique qui promet d'arrêter : « Cette fois-ci j'ai compris. » Il a effectivement compris tout ce qui s'est passé depuis qu'il a commencé à boire mais ne sait rien du devenir dans lequel il se trouve à présent engagé. La seule possibilité d'échapper à ce double piège de la conscience réside dans une pratique qui ne lui fait jamais confiance, dans laquelle on expérimente prudemment sans chercher à prendre de grandes décisions. Les militants du DAL agencent ainsi des expériences concrètes : faire en sorte que cette famille reste dans cet endroit, occuper les Invalides pour que les gens prennent connaissance de cette lutte, se rendre au ministère pour obtenir quelques concessions… Leur pratique évolue en réfléchissant sur elle-même mais ne se réfère à aucun moment à une conscience globalisante. Les agencements qu'ils expérimentent les amènent à des moments de conscience, mais ils ne sont pas soumis à une conscience qui déciderait d'une solution unique.

Nous n'aurons jamais la possibilité d'agir en accord avec la conscience de ce qui existe. Ce moment est imaginaire, nous sommes toujours dans un devenir dont nous n'avons pas conscience. Là où je pense, je ne suis pas, et là où je suis, je ne pense pas. Il n'y a jamais cette coïncidence : je pense donc je suis. J'ai jadis raconté l'histoire du crapaud et du scorpion. Le premier accepte de traverser le fleuve en portant sur son dos le second, lequel le pique au milieu du gué. Au crapaud qui le traite de fou car ils vont tous les deux se noyer, le scorpion répond : « Je n'y peux rien, c'est ma nature. » L'homme serait celui qui, conscient de sa nature, pourrait se retenir de piquer le crapaud. Rien n'est plus éloigné de notre existence. Par le travail de la pensée, nous parvenons à un niveau de connaissance de nos déterminations qui permet l'agencement de notre nature avec d'autres possibles. Mais cette évolution ne tient jamais à une conscience qui connaîtrait les déterminations et pourrait les maîtriser. C'est le travail permanent de l'humanité qui fait émerger de nouveaux possibles, parvenir par exemple sur l'autre rive sans modifier sa nature. Nous existons dans de multiples processus et, dans l'après-coup, nous avons la sensation d'une unification, d'une permanence du soi. Le moment de la conscience advient mais comme un élément de plus dans la multiplicité. La conscience n'est pas l'émergence d'une totalité qui englobe le soubassement mais la création d'un nouvel élément qui s'y ajoute. Seule la méfiance vis-à-vis de la conscience peut nous faire sortir de l'impuissance. Il nous faut rendre la conscience dépendante de nos pratiques.

Renvois : Action restreinte, Attente

CONTRE-POUVOIR

Le contre-pouvoir signifie non pas être contre le pouvoir mais ne pas le désirer. Il est bien entendu nécessaire de passer de la contestation à l'action. Mais à une action efficace, qui se développe dans la multiplicité de la base et non dans les ministères, une proposition pratique, une myriade de laboratoires concrets. Le contre-pouvoir désigne l'ensemble des pratiques par lesquelles les gens peuvent rompre avec le mécanisme liberticide de l'attente. Aujourd'hui, il n'est pas urgent de penser la révolution, l'État auquel nous souhaitons aboutir, mais la manière de nous mettre en route. Avant d'imaginer comment le monde devrait être, tentons de récupérer de la puissance. Les gens ne parviennent pas à abandonner le point de vue de nulle part. Même lorsqu'ils sont engagés dans une action concrète, ils continuent à penser de manière globale et abstraite : il faut abolir l'injustice, le capitalisme, les désastres écologiques… tous ces combats sont souhaitables mais les penser ainsi nous condamne à l'inertie. Cette pensée qui prétend faire abstraction de nos situations, de nos corps, de notre histoire se voudrait objective et universelle, mais tombe pourtant dans le subjectivisme le plus total. Les hommes politiques sont souvent moins prisonniers de leurs objectifs que les militants. Les élus locaux ont l'habitude d'accompagner l'action.

Le contre-pouvoir n'appelle pas de ses vœux une révolution faite au nom d'un modèle. Au lieu de nous lamenter sur le fait que les révolutions tournent mal, tentons de cerner dans quel devenir révolutionnaire elles s'inscrivent. Les ruptures et avec elles les révolutions sont à considérer comme des étapes et non comme des discontinuités absolues. Seul le devenir révolutionnaire crée de nouveaux possibles, engendre une jurisprudence. La pensée du contre-pouvoir part du constat que les hommes sont toujours engagés dans le devenir, au sein de leur situation. Lorsqu'ils l'ignorent, ils passent leur temps à se demander « que faire ? », dans l'espoir fou qu'un jour il se passera quelque chose, dans une discontinuité totale.

Le contre-pouvoir n'est ni révolutionnaire, ni réformiste. Sa radicalité politique est tout autre. Les révolutionnaires croient que de grands changements sont nécessaires pour parvenir à l'objectif, les réformistes estiment que de petites transformations suffisent. Nous pensons que l'objectif se joue dans chaque devenir révolutionnaire mais n'existe pas en soi. Nous disons : nous sommes toujours déjà engagés.

Renvois : Choix, Corps, Globalité, Histoire, Révolution

CORPS

Dans les objections aux *Méditations métaphysiques*, Hobbes demande à Descartes : « Puis-je dire, cher maître, je me promène, donc je suis promenade. » Cette boutade signifie quelque chose de très sérieux. La pensée occidentale, par de nombreuses tendances qui ne se résument pas bien sûr à la philosophie cartésienne, a forgé un modèle d'humanité qui se prétend opposé à toute nature et donc à la nature en l'homme, au corps. Notre culture a mis de côté le corps, elle s'est fondée sur une sublimation du corps par l'esprit. Hegel décrit ainsi l'évolution de l'esthétique de la statue, à la peinture, puis à la poésie, comme une décorporalisation.

Notre société se comporte comme si elle était l'aboutissement de cette vision du monde. L'Occident a construit un mode d'engagement rationnel, une pensée sans corps où la raison s'adresse à la raison. Le féminisme fut le premier mouvement de libération à rompre avec cette aspiration sacrée. Il a permis de renouer avec la pensée de la monade de Leibniz. Je suis un point de vue donné par mon corps (compris au sens large : mon époque, ma couleur de peau, mon sexe, ma classe sociale, mes parents…). Mon corps, de par ses parties extensives infinies, reflète l'ensemble de l'univers de façon confuse et une petite partie de l'univers de façon claire. Cette petite portion est mon point de vue. Je suis donc toujours situé par rapport au monde et cette situation ne dépend pas de ma conscience mais de mon corps. Pendant mon engagement guévariste, il m'est arrivé de partager la lutte des Black Panthers. À cette occasion, je pris conscience de ce fait fondamental : je pouvais comprendre ce qu'était la vie d'un Noir de Harlem à cette époque mais je ne connaissais rien d'elle. Il m'était impossible de changer mon point de vue, je restais un jeune citadin de Buenos Aires. Je pouvais trouver des éléments de compréhension, au mieux connaître confusément en cherchant en moi-même des traces semblables. Le commun était accessible mais à partir de points de vue différents. Toute connaissance est corporellement située.

Nous vivons aujourd'hui notre corps comme un accident et non comme un prédicat inclus en nous. Dans cette vision de plus en plus répandue, mon corps aurait pu être différent et je peux en corriger les accidents qui me déplaisent. Nous ne cessons de comprendre des choses sur le monde dans lequel nous vivons mais cette compréhension repose sur la négation du point de vue du corps. L'opinion qui triomphe partout ne doit pas nous leurrer. Le point de vue corporel s'oppose radicalement au règne de l'opinion : tout n'est pas égal, tout n'est pas symétrique, tout n'est pas possible. À la maxime dominante, « il n'y a que les imbéciles qui ne changent pas d'avis », il oppose qu'« il n'y a que les mortels qui ne changent pas de point de vue ». Je développe mon point de vue par ce que je comprends, mon travail, mes expériences, mais je ne peux jamais l'abandonner. La modification du point de vue du corps est permanente et chacun peut la constater aisément tout au long de sa vie. Il connaît des élargissements ou des rétrécissements mais jamais il ne change. L'idée chère à notre temps qu'à tous les âges les hommes deviennent de jeunes papas et les femmes de jeunes mamans grâce à la technique repose sur l'illusion que nous ne serions pas des corps, soumis à des cycles et des fonctionnements hormonaux.

La négation du corps a des conséquences très concrètes, qui nous confinent dans l'inaction. Prenons une situation très précise : je vois un policier commettre une exaction contre un homme, donc un corps. Si j'évite le corps, je n'interviens pas pour ne pas risquer une garde à vue, qui est une garde du corps. Je rentre chez moi mais je n'écris pas ce que j'ai vu car je risquerais alors un procès et mon corps pourrait être touché. Je ne recense les faits que dans mon journal intime.

L'engagement et le corps sont synonymes, je n'engage jamais que mon corps. Dans cet exemple, j'essaie au contraire de voir la scène du point de vue de nulle part, qui n'existe pas. Je peux comprendre la jouissance du policier, la lâcheté des témoins… mais cette compréhension ne me dit rien de mon point de vue. Et puisque mon corps est là, je dois réagir par rapport à lui. Tout le problème de l'engagement se résume dans cette exigence : le retour au corps. L'action à inventer part de la base d'un corps situé, en situation. Il ne s'agit pas de mettre son corps en jeu dans une situation héroïque mais d'assumer le fait d'être situé. Autrement dit, de se poser cette question : puisque je suis situé, qu'est-ce que je fais dans ma situation ? En quelque sorte de redevenir une singularité. Dans ma singularité, je peux m'occuper de la planète entière, en avoir une connaissance de moins en moins confuse. La voie de l'émancipation passe par là aujourd'hui : la reprise en main de cette expérience fondamentale, le corps situé. Assumer le corps, c'est aussi accepter que l'action fatigue, que lire un livre exige du temps et un effort. Les gens ne se trouvent jamais dans les situations tragiques qu'ils identifient à l'engagement, ils ont baissé les bras bien avant cela, au moment où ils se sont rendu compte que connaître implique une certaine fatigue. Il faut accepter le prix corporel de faire les choses. Si je me surprends à être fatigué, je ne fais plus rien. Intervenir, mettre son corps en jeu, voilà l'éthique de l'engagement.

RENVOIS : CONSCIENCE, CORPS, ENGAGEMENT, FATIGUE, FÉMINISME, OPINION

D

DÉMOCRATIE

Le sens du mot démocratie est devenu très flou : désigne-t-il l'exigence pour le pouvoir de suivre la majorité, un ensemble d'institutions, un mode de gestion ou un idéal que l'on voudrait universel ? Nul doute que Saddam Hussein ne fût un dictateur et que George Bush ne soit à la tête d'un pays démocratique. L'exportation de la démocratie occidentale montre pourtant l'insuffisance de toutes ces définitions. L'équivalence « un homme-une voix » ne veut rien dire dans un pays où les appartenances tribales sont encore très fortes. Le vote occidental implique un projet de société. Celui qui défend sa tribu n'imagine pas comment les autres devraient vivre. La démocratie comme idéologie est une sorte de globalisation et de formalisation abstraite du monde qui ne s'articule pas avec le réel. La démocratie est un ensemble de libertés mais avant tout un grand sujet de questionnement, une lutte et non un modèle à imposer. Nous ne pouvons que tenir à cette idée d'un gouvernement du peuple par le peuple. Mais quel pays aujourd'hui peut déclarer qu'il n'est pas dirigé par des impératifs économiques ?

L'engagement exige de penser les rapports entre la puissance de la base et les appareils représentatifs. Le contre-pouvoir vise une relation plus puissante entre ces deux pôles, une fidélité au mandat du peuple. Dans notre société, les citoyens se contentent, lors des élections, de choisir le moins pire. La dérive gestionnaire marque une séparation de plus en plus grande entre le protagonisme populaire et l'exercice du pouvoir. Le véritable défi des pays démocratiques est là : construire des rapports entre la base et les institutions sans bras de fer permanent.

RENVOIS : CONTRE-POUVOIR, POLITIQUE, PROTAGONISME, VOTE

DÉNONCIATION

Nous tenons là l'occasion de démonter un des mécanismes les plus redoutables de l'impuissance actuelle. L'indignation, la dénonciation sont vouées à l'échec. Celui qui dénonce se situe d'emblée dans l'imaginaire, il prétend occuper le point de vue de nulle part : il fait tantôt référence à ce qui existait dans le passé, à un paradis perdu, tantôt à ce qui sera, à une société idéale à venir. Dans les deux cas, il s'inscrit dans une stratégie qui dépasse la situation concrète dans laquelle il vit. D'autres encore s'indignent depuis leur supériorité intellectuelle et narcissique. Tous disent : « Ce monde ne nous ressemble pas. » Les intellectuels sont souvent aigris par l'impuissance de leur dénonciation. Si le dire ne s'agence pas avec la complexité du réel et des pratiques, le dire ne vaut rien. Que ce soit en fonction de ce qui fut, de ce qui sera ou de ce qui devrait être selon moi, la dénonciation est une position imaginaire qui tente de prendre la place du réel. Elle fait de moi un passéiste, un chimériste ou un narcissique mais surtout un impuissant. Je demandais un jour à un militant de me donner une image de la société pour laquelle il luttait. Il me répondit qu'il se battait pour une société d'amour. L'amour existe et nous avons tous intérêt que cela continue, mais dire « je parle depuis mon souhait d'une société d'amour », donc depuis une société d'amour selon un raccourci permanent, revient à soutenir : « je parle de nulle part ». C'est s'inscrire dans une métaphysique de l'au-delà qui dépasserait la situation. C'est ignorer la seule question qui importe aujourd'hui : « Depuis où t'indignes-tu ? »

Il nous faut absolument ne plus rien dénoncer, cesser toute indignation. Ne nous occupons plus des stratégies, d'une résultante qui est toujours inopinée. Parmi les multiples vecteurs qui composent son soubassement, l'infini la rend inexorablement imprévisible. Dans notre époque, il est évident que le lent et laborieux travail d'analyse, la mise à l'épreuve de chaque idée, la recherche d'un énoncé pour une pratique qui existe, font partie du soubassement. Mais qui saurait dire quelle résultante émergera de tout ce travail ? Pour reprendre l'analyse de Leibniz, la somme des points de vue sur la ville ne détermine pas la ville. Autrement dit, je n'ignore pas que, en dehors de ma singularité (qui dépasse déjà le niveau de l'individu, qui est mon point de vue constitué de mon expérience, de mon groupe, de mon couple...), il en existe d'autres, puisqu'elles se reflètent et échangent avec la mienne. Mais de ce côté-là je ne peux rien conclure. La seule chose que je puisse faire est m'engager dans l'action restreinte, concrète, lutter parfois contre la forme que prend la résultante dans ma situation. Puisque la résultante n'est que cela, l'influence qu'elle crée au sein de chaque situation, la résistance passe par le développement d'autres pratiques.

Parfois la dénonciation conduit à l'intervention, face à des pratiques impensables pour nous, comme l'excision ou la torture par exemple. La logique de l'indignation implique alors d'imposer autre chose, par la force s'il le faut. L'oppression prend immanquablement la place de la liberté et notre intervention apparaît comme une ingérence. La dénonciation me condamne à l'impuissance même lorsque j'ai les moyens d'agir. Arrêter de nous indigner et travailler sur les vecteurs réels, concrets et réels de la situation : telle est notre urgence.

RENVOIS : BELLE ÂME, BIEN, CORPS, INTELLECTUEL, RÉSULTANTE

DÉSESPOIR

La fragilité, c'est assumer la fin de l'espoir, rompre avec l'idée de rédemption qui s'oppose à la vie. Aucun acte n'est posé une fois pour toutes. La croyance en un tout provoque une tristesse terrible. L'espoir est beaucoup trop lié à l'idée d'un monde et d'une vie non éphémères.

Le désespoir nous réconcilie avec l'éphémère au cœur duquel nous construisons de l'irréversible. Soutenir que l'éphémère seul existe permet d'habiter sa vie. Vivre un amour, lire un livre, mener une lutte pour eux-mêmes.

Assumer l'éphémère est notre seule possibilité. Le désespoir est révolutionnaire. Il signifie l'espoir au présent, pour reprendre une consigne de la gauche après-guerre. Mais se réconcilier avec la vie n'est pas évident. L'homme moderne a plutôt tendance à rechercher l'amitié avec sa vie personnelle. Être ami avec la vie exige de ne pas accepter l'avancée du néolibéralisme, mais de créer, aimer, lutter dans une totale radicalité. C'est accepter qu'il n'y ait pas d'objectif en dehors de chaque moment de la lutte.

RENVOIS : ÉPOQUE, FRAGILITÉ, NON-SENS, RÉVERSIBLE

DÉSIR

Désirer n'est pas souhaiter. Le désir de justice s'expérimente dans une situation concrète. Il n'a pas à se matérialiser dans une action, il est lui-même acte. Les personnes engagées témoignent d'avoir été surprises par le sentiment qui les a envahies un jour. Quelque chose devenait inadmissible. Le désir est cet émoi devant l'injustice. On découvre le désir dans une expérience physique, dans un agir. Selon une position classique, il faudrait faire comprendre aux gens les injustices pour les pousser à agir. Ils ne font alors que comprendre. Dans le désir, au contraire, la connaissance précède toute compréhension.

La culture de l'individu nous laisse au niveau d'un désir frelaté, entre souhaits et envies, à un désir fondamentalement mimétique. La théorie de René Girard est exacte si l'on en reste là. Dans des époques obscures, les champs du désir sont saturés par des souhaits normés : on veut avoir ce que la technique produit, ce que l'autre n'a pas, ce qui apparaît comme socialement rare. La psychanalyse a une lourde responsabilité dans cette saturation du désir. La proposition de Lacan selon laquelle « il ne faut pas céder sur son désir » a été rapidement pervertie en « il ne faut pas céder sur ses souhaits ». Les gens viennent chercher en analyse la justification de leurs souhaits les plus vides. Ils expliquent par exemple comment ils se sont aperçus que la culpabilité les empêchait de posséder une grosse voiture, comment ils l'ont dépassée et ont finalement acheté l'engin de leurs rêves. Assumer son désir ne veut plus rien dire, si ce n'est ne résister à aucun souhait. Je me souviens d'une patiente qui avait acheté un ordinateur et passait son temps à en explorer les possibilités innombrables. Le programmateur de l'ordinateur avait suivi les souhaits normés et établis par la société pour créer les fonctions de sa machine. Si tout mon temps passe à répondre à ces possibilités techniques, ma vie entière se trouve aliénée de l'extérieur. Au contraire, je peux me servir de cet outil pour le développement de mon désir. Le moteur est intérieur ou extérieur. Lorsque Heidegger écrit que la technique est l'aliénation du souci, il ne dit rien de plus. Mon temps et mes efforts ne sont plus mis au service de mon désir, de mes penchants profonds, mais de ce que la technique rend possible. L'aliénation apparaît ici telle que l'a pensée Marx : donner sa force de travail à quelque chose qui ne m'appartient plus. La résistance ne consiste pas à rejeter la technique mais à l'utiliser pour assouvir mon désir profond. Les découvertes techniques peuvent être des informations intéressantes mais n'ont pas à ordonner mon désir. Dans la vie régie par le souhait, les gens passent beaucoup de temps à jouer avec des instruments de la technique, à enregistrer des centaines de disques qu'ils n'auront jamais l'occasion d'écouter. Le souhait est radicalement différent du désir et surtout il rend sourd au désir. La patiente qui se préoccupe toute la journée des fonctions inconnues de son ordinateur dispose de peu de temps pour savoir ce qu'elle désire.

Nous vivons le désir comme un manque. Dans le film d'Antonioni *Blow Up*, le guitariste Eric Clapton jette son manche de guitare à la foule. Les gens se battent, un type parvient à l'attraper. À quelques mètres de la salle de concert, il finit par jeter cet objet qui n'a aucune valeur en soi. Il n'était que l'objet d'un désir mimétique. Le mimétisme est une dimension superficielle du désir, comme son détournement social au profit des envies normalisées. Mais comment nier qu'il existe d'autres formes du désir qui dépassent cette version intersubjective ? La psychologie sociale et la psychanalyse s'arrêtent à un niveau a-critique de la société. Elles analysent ce qui se passe : les gens désirent de manière mimétique. Quand, dans une société, les envies occupent la place du désir, elles le mettent en danger.

Le désir regarde l'autoaffirmation de l'être à travers chacun de nous et non celle de l'individu. Il est un agencement entre ce qui se donne à penser dans une époque et la place que certains vont donner à cet appel. Il met en jeu une adéquation entre la situation et nous, entre la perception et l'aperception, entre le paysage et ce qu'on va nommer au sein de ce paysage, le soi. Le désir insiste malgré nous, au-delà de nos fantasmes et de notre vie personnelle. Il est un appel et un travail. Deux ou trois questions reviennent sans cesse si nous ne les écrasons pas, qui émanent de l'époque et se jouent en nous. Si nous les assumons, notre vie entière passe à les travailler. Même si nous les rejetons, elles déterminent notre existence, négativement cette fois-ci : nous sommes ceux qui ne les ont pas affrontées. Il nous faut comme Ulysse tenir bon sur notre désir. Ne pas rejeter le chant des sirènes mais trouver au sein de ce chant les modes de résistance propres à notre désir. On ne va pas à Ithaque en se bouchant les oreilles, on parvient à Ithaque en entendant le chant des sirènes mais en se donnant les moyens de ne pas y céder.

Le désir est toujours du côté de la puissance. Un musicien ne désirera jamais, en tant que musicien, devenir ministre de la Culture. L'objectif d'un chercheur n'est pas d'être directeur du laboratoire. Ce sont deux métiers très différents. Tout le monde s'accorde facilement sur ces évidences mais moins sur celle qui suit : l'objectif d'un révolutionnaire ne saurait être la prise de pouvoir. La gestion n'est pas une activité désirante. Ce n'est pas la diaboliser que de soutenir cela, les activités désirantes ne constituent pas l'ensemble de la vie. En politique, cette confusion persiste toujours, qui fait croire qu'un désir pourrait se prolonger en désir de pouvoir. Il y a là une discontinuité totale que les militants ne parviennent pas à voir. Le désir de justice n'a aucune raison d'aboutir à l'exercice du pouvoir. Un artiste ne désire pas déterminer le bien dans l'art mais développer sa puissance créatrice. Il n'y a qu'en politique et parfois en amour qu'on persiste à confondre désir et pouvoir.

Je n'ai pas envie d'apprendre le solfège mais j'ai envie d'être saxophoniste. Dans notre société, nous sommes en permanence à ce niveau de bêtise. Nous n'avons pas envie d'une société liberticide, sécuritaire, qui écrase la vie, mais nous n'avons pas envie de nous engager, de penser la complexité. L'éthique propose une tout autre vie. Si l'injustice fait appel à moi – et comment m'extraire de la société dans laquelle je vis –, ce n'est plus le temps des envies. Nous ne sommes jamais équidistants de l'injustice et de la justice. L'asymétrie est permanente, petite ou grande, elle tisse chacune de nos situations : écraser l'autre ou non, sacrifier du temps pour son fils ou non… La question du désir se formule ainsi : comment sommes-nous traversés par ces asymétries qui nous constituent ?

Le mot désir est souvent réduit à son sens sexuel, amoureux. Le désir est beaucoup plus large mais l'expérience amoureuse permet de cerner sa spécificité. Plus je vais vivre mon histoire d'amour comme une envie, moins je vais la vivre comme désir. Plus j'explore mon expérience, plus je m'intéresse à ce qu'elle a d'universel, moins l'histoire est personnelle. Même dans le désir amoureux, sexuel, nous sommes dans une extériorité et dans un étonnement. On ne sait jamais ce qui nous traverse. L'émerveillement devant la personne aimée tient à ce qui nous déborde. Il ne s'agit pas de construire une morale du désir mais de distinguer le désir de n'importe quelle envie.

Le désir rend la chose désirable. Il est processus. Un processus n'existe jamais tout seul, mais dans les objets ou les êtres qui le potentialisent. La chose est désirable à condition qu'elle augmente le désir. Cela ne signifie pas que le désir peut investir n'importe quel objet. Je peux désirer la barbarie mais je vais me rendre compte qu'elle détruit la vie, et le désir. Je vais cesser de la désirer. L'élan amoureux passe par telle personne car ce qui se fonde avec elle potentialise le processus. L'engagement tient aussi à cela. À un moment donné, par un agencement historique, pour que le processus continue, il faut combattre ce qui le bloque. Comme Marx l'a pensé, la contestation de l'oppression n'est pas morale. Elle s'impose quand un rapport de production freine le processus et devient ennemi de la vie.

RENVOIS : CONNAISSANCE, CONSCIENCE, INDIVIDU

DESTIN

Un destin est une donne que l'on doit assumer et qui n'a jamais un seul aboutissement concret. Si mon destin est la musique, je peux devenir musicien, mélomane, ou resté frustré de ce désir. Une essence s'ouvre sur des possibles, la liberté, la puissance. Comprendre les processus de la vie et de la pensée comme des systèmes dynamiques peut nous aider à accepter cette idée du destin : la résultante est toujours dans le devenir. Une étiquette est, elle, une fatalité. Personne ne naît femme. La multiplicité de l'être n'a pas à coller avec l'étiquette « femme ». Notre époque connaît un tel retour des étiquettes elle est devenue presque incapable de comprendre les mots de Simone de Beauvoir. Femme est une étiquette sociologique, comme « chômeur ».

La donne est toujours multiple. Adhérer à un modèle d'homme unique interdit tout devenir. Les étiquettes minoritaires fonctionnent par défaut, les étiquettes majoritaires par affirmation. Les premières nous placent dans une oppression, les secondes nous font bénéficier de l'injustice. Mais toutes ne connaissent qu'une dimension. Le dominateur n'est pas plus libre. La subversion consiste à refuser l'étiquetage de la vie. Et à rétablir le sens d'un destin multiple.

RENVOIS : AGIR, CHÔMAGE, HUMANISME, MULTIPLICITÉ

DEVENIR

Nous pensons l'engagement comme le fait de renouer avec le devenir. Dans chaque situation, le mal est ce qui bloque le processus, le bien ce qui l'encourage, ce qui permet le développement des possibles. Cette vision existentielle n'oublie pas pour autant les acquis. Certains sont si importants qu'ils marquent une rupture dans l'histoire. Mais elle les comprend différemment. Chaque acquis nous place à un nouveau palier du même processus. Être en devenir permanent n'empêche pas d'approfondir la lutte à certains moments. La société où les femmes votent est indéniablement plus puissante que celle dans laquelle elles sont opprimées. Les acquis sont les conditions dans lesquelles le processus se déroule. Mais le processus ne s'identifie pas aux moyens ni les acquis aux fins. On peut lutter pour un acquis, se réjouir de son obtention sans jamais penser qu'il est la cristallisation du processus.

Dans notre culture, nous sommes incapables de penser un devenir qui ne soit pas un devenir vers, qui soit en quelque sorte un devenir sans avenir. Notre défi consiste à retrouver le sens d'un engagement existentiel, à repenser la place de l'homme, son rapport au monde, à la vie, à lui-même. Si l'être est l'acte de l'étant qui coïncide avec son essence, l'être est ce devenir-là. Toute consistance repose sur une couche d'inconsistance totale, toute consistance ne tient qu'au fait d'assumer en permanence le devenir. Notre époque s'est coupée de la question de l'être car elle ne pense celui-ci que comme un avenir vers. Elle a institué la croyance en un avenir qui aurait une consistance autre, qui serait différent du pur devenir. La pacification de l'homme avec la nature et la justice sociale passe par la réconciliation de l'homme avec le devenir de l'être, par l'acceptation de l'être comme devenir.

Cette réconciliation demeure très compliquée car la confusion habite tous les niveaux d'existence. Dans leur vie personnelle, les hommes se vivent toujours en route vers quelque chose. Les travailleurs sociaux, les psychiatres insistent sur l'importance du projet, sur la capacité du sujet à se projeter. Se rendre absent au présent, supporter le quotidien au nom de ce qui demeure imprévisible est reconnu comme un signe de santé… À celui-ci correspond un modèle d'harmonie et de politique : la promesse d'un avenir meilleur permet de se contenter d'un devenir minable.

Cette discussion autour de la question du devenir prend un tour beaucoup plus concret lorsqu'on la lie à celle de l'engagement. L'engagement signifie-t-il parvenir à un état idéal de la situation, à un moment où le mal sera maîtrisé ? Ou réside-t-il dans la lutte pour que la puissance des hommes et des femmes se développe ? La question du devenir divise littéralement l'engagement en deux : soit nous luttons pour qu'advienne une société libérée du mal ; soit nous pensons que le résultat de nos actions reste imprévisible, mais que nous pouvons lutter pour que l'homme développe sa capacité à affronter le mal dans toute situation.

RENVOIS : ATTENTE, BIEN, EXISTENCE, GLOBALITÉ, HISTOIRE

DEVENIR MINORITAIRE

Le devenir minoritaire n'est pas le fait d'une avant-garde quelconque, qui serait dotée d'une conscience supérieure aux autres. Nous vivons un moment où émerge une multiplicité de pratiques. Celles dont je vais parler ici sont très minoritaires et peu repérables. C'est par exemple l'expérience des bus méthadone : médecins, infirmiers, éducateurs reçoivent des toxicomanes, leur délivrent des calmants et le produit de substitution, la méthadone, des seringues propres… Ce qui se passe là est quelque chose de très subversif. Tout ce personnel a été formé dans l'idéologie médicale qui fut le modèle de la société disciplinaire : de même que le patient qui souffre appartient au médecin, l'élève ignorant appartient à son professeur, les peuples non évolués aux colons, etc. Ces médecins inventent dans ce bus, et souvent sans le conceptualiser, un tout autre type de rapport. Ils refusent tout a priori sur le toxicomane qu'ils vont rencontrer, ils intègrent l'idée que le comportement humain est régi par des boucles autonomes qui ne sont pas centralisées par le moi. Pour mesurer la révolution que suppose cette conception, il faut s'arrêter un instant sur la définition de cette boucle autonome. Un insecte, par exemple, a des cellules photosensibles qui réagissent à la lumière. Au contact d'une intense lumière, la boucle autonome fonctionne tellement bien que l'insecte brûle. Il n'y a pas suicide mais preuve qu'aucune instance centrale, unifiante, n'est capable de se préoccuper de ses cellules photosensibles. Considérer la toxicomanie comme une boucle autonome revient à dire que le toxicomane ne se réduit pas à sa toxicomanie, qu'il ne l'a pas choisie non plus. La toxicomanie tient à une mauvaise rencontre qui crée une boucle autonome.

Dans ce bus, médecins et toxicomanes expérimentent une pratique non disciplinaire de la médecine, et donc un rapport social non disciplinaire, dans lequel le patient est accepté comme une multiplicité et n'est pas réduit à une conscience qui devrait discipliner un corps. Cette expérience est minoritaire car elle ne parle pas de tout le monde mais de ces gens pris ensemble dans cette situation. Mais pour autant elle parle à tout le monde, car d'elle on peut déduire les fondements possibles de nouveaux rapports sociaux. À l'opposé, une expérience majoritaire qui prétend parler de tout le monde ne dit finalement rien à personne. C'est cette réflexion qui faisait dire à Deleuze : « La minorité, c'est tout le monde, la majorité, c'est personne. » Dans cette expérience minoritaire qui ne se pose pas du tout la question de son extensivité, tout le monde est capable de reconnaître quelque chose qui le concerne intimement, par analogie.

Le bus méthadone permet aussi de penser ce que j'appellerais « l'efficacité paradoxale ». Cette initiative s'inscrivait au départ dans la lutte contre le sida. La prévention ne passe plus désormais par là et pourtant cette action est poursuivie. L'intention consciente ne représente jamais qu'une part minime de nos actions. Dans ce devenir minoritaire qui dépasse largement la mission officielle de départ, c'est aussi une autre utilisation de la technique qui apparaît possible. Dans la médecine actuelle, les nouvelles techniques orientent la clinique. Ici, le rapport est inversé.

Face à ces pratiques minoritaires, la langue de notre époque est en retard. Elle ne dispose que de termes majoritaires. Il est possible d'utiliser cette langue autrement que dans sa visée universaliste, en philosophie, en poésie. Il nous faut en quelque sorte devenir minoritaires, développer notre travail à tel point qu'il ne parle pas de tout le monde mais à tout le monde.

La philosophie doit opérer un retour sur elle-même. Devenir minoritaire signifie devenir un lieu où se construit un universel concret, où se retisse du commun. L'expérience amoureuse permet de penser cela. Deux amants ne s'occupent pas de la définition générale de l'amour. Leur histoire parle à tout le monde même si elle ne parle que d'eux. La minorité trouve sa structure là : elle parle à tout le monde mais elle n'est assumable, compréhensible que dans la singularité. Si l'amant se met à parler d'amour abstrait, il n'est plus dans l'amour mais dans un langage désubstantialisé. La minorité est pur présent. Il nous est très difficile de penser la politique et l'existence en ces termes car nous disposons d'une langue et de concepts abstraits qui dévaluent le présent. Tous les mots de la politique ont toujours visé la chimérique construction du non-éphémère. Ces pratiques minoritaires acceptent en leur cœur l'éphémère, car elles savent qu'au sein de l'éphémère émerge l'irréversible.

Les Indiens qui occupent les terres en Amérique latine depuis vingt-cinq ans ne veulent pas exporter leur modèle, ni vaincre le capitalisme ou le néolibéralisme ; la langue politique leur est étrangère. Les étudiants des villes ou les Européens qui viennent les voir ne cessent de s'étonner de cela : ils parlent de leur vie au quotidien, des nouveaux types de maisons qu'ils construisent, des cultures qu'ils développent. La question « êtes-vous anticapitalistes ? » ne renvoie pour eux à rien de concret. Ce qu'ils affirment, c'est une légitimité de la vie qui dépasse la généralisation de leur expérience et la complexité d'un pays.

Les forums sociaux européens sont malheureusement parfois la caricature de cela. Les officiels de l'alternative disent qu'« un autre monde est possible » et ne font rien. Un simple énoncé ne créera jamais de nouveaux possibles. Les leaders des forums comme la gauche sont encore prisonniers de cette langue défaillante, ils continuent à viser un universel abstrait et passent à côté de l'universel concret à l'œuvre dans ces devenirs minoritaires.

Les concepts qui émergeront à partir de et en relation très étroite avec ces pratiques minoritaires seront toujours plus puissants que ceux qui s'élaboreront dans des laboratoires de philosophie fermés et autoréférentiels. La question est moins celle du sophisme que de l'impuissance à laquelle se condamne la philosophie si elle se coupe de ces actions. La philosophie ne pourra retisser une langue qu'en épousant ces devenirs minoritaires. Le philosophe n'est pas celui qui se place au-dessus de la situation comme pour la diriger. Il y a des situations philosophiques plus que des philosophes, des situations où se pose la question du sens, de l'être. Ces situations interrogent philosophiquement tout le monde. Dans la situation du bus méthadone, le philosophe fait partie du soubassement comme le chauffeur, le médecin, l'assistante sociale, le toxicomane… Dans un second temps, il prendra la mesure de toute cette expérience, réfléchira à ce qui s'est passé, l'agencera avec autre chose… Mais pour l'heure, il participe à la construction du commun, en tant que philosophe, certes, mais pareillement à tous les autres. Tous ces devenirs minoritaires convoquent la philosophie aujourd'hui. Celui qui veut faire de la philosophie en acte a la responsabilité d'y répondre.

La grande tentation de la philosophie minoritaire, celle de Deleuze, a été de créer des néologismes. Pour parer à la perte de substance dans la langue, il fallait créer des mots qui en seraient davantage chargés. Je ne crois pas à cette voie. Mieux vaut trouver de nouveaux agencements comme dans la poésie. Un poème est réussi lorsqu'il rend présent la substance, « l'aube profonde » de la pensée. La situation exige des mots, au philosophe de les agencer pour répondre à cet appel ontologique. Ce travail ne saurait se réduire à un jeu théorique mais doit s'inscrire dans une pratique. Se mettre en contact avec les pratiques, discuter avec les militants est beaucoup plus compliqué que de faire débat dans un laboratoire. Ces mots qui s'agencent si bien en petit comité doivent être mis à l'épreuve du réel. De cette confrontation seulement naîtra une langue substantialisée. La puissance d'un concept, d'une langue, dépend de l'incessante mise à l'épreuve du réel qui décrétera ces agencements valables ou non. La philosophie a à voir avec la pratique.

Renvois : Action restreinte, Engagement, Marge, Philosophie, Réversible

DISCIPLINE

Nous parlons ici de la société disciplinaire telle que Foucault l'a décrite. Toute société développe des méthodes disciplinaires. La discipline en ce sens n'est pas que répression, mais régulation, organisation. En revanche, dans la société du même nom, la discipline devient un but en soi et être disciplinaire, un bien en soi. La discipline et la volonté sont les catégories liées à l'individu. Elles sont aussi les deux fondements de son impuissance. Il voudrait d'abord comprendre ce qu'il doit faire et ensuite avoir la discipline nécessaire pour l'accomplir. Discipline et volonté sont les moyens toujours malheureux de faire sa vie en ajoutant des accidents et en en écartant d'autres. Toutes les philosophies qui tentent de sauver le sujet maître de sa décision acceptent en leur sein un vide. La conscience se trouverait au bord d'un gouffre et elle déciderait alors. Le chemin serait volontariste. Toute la pensée qui tient compte des découvertes scientifiques infirme cela. L'objectif ne préexiste jamais à la mise en mouvement, la décision de la conscience n'est qu'une confirmation de ce qui est déjà lancé depuis très longtemps.

Un mode de discipline est né avec l'individu qui a mis la conscience au centre et tente de discipliner l'ensemble de ses vecteurs à cette instance centrale. La discipline qui caractérise notre société a ses racines dans l'individu lui-même. Elle repose sur la négation de toute longue durée et demande à la technique la force qu'elle ne peut obtenir ainsi. Seule la technique lui garantit les moyens d'atteindre ses objectifs quelle que soit la charge de la longue durée à laquelle elle s'attaque. Nous touchons au cœur de l'absurde : l'objectif de la discipline est elle-même. Nous ne sommes plus à Sparte où la discipline était le moyen d'accomplir un objectif : la prospérité de la cité. Nous ne sommes pas non plus dans la psychologie des kamikazes, qui nous disent avec mépris : « Regarde-toi, tu n'arrives même pas à discipliner ton envie de manger et moi je vais jusqu'à discipliner mon envie de vivre. » Dans la société de l'individu, de la même façon que la technique est son propre but, que l'argent ne conduit qu'à l'argent, la discipline n'a pour objectif qu'elle-même. Le triomphe du néolibéralisme n'est pas l'utilitarisme mais le néant total, la métaphysique nihiliste, où rien ne veut plus rien dire.

RENVOIS : AUTORITÉ, CHOIX, CONSCIENCE, NIHILISME, SÉCURITÉ

DROITS DE L'HOMME

La Déclaration des droits de l'homme est une synthèse des cahiers de doléances. Ce texte s'inscrivait bien dans l'action concrète et tendait à créer une jurisprudence par rapport aux cas exprimés. Contrairement à l'idéalisme ambiant, les hommes de 1789 partent de cas concrets, des choses présentes mais non représentées, ils cherchent le moyen d'ajuster la légalité à la légitimité de l'existence. L'engagement devrait ressembler à ceci : cerner dans quel devenir nous sommes déjà engagés et chercher comment le développer. Aucun de ces hommes ne s'est mis à chercher une essence humaine unique à laquelle correspondraient des droits. En 1789, le mouvement dans lequel ils sont pris incarne un universel concret, qui part du réel et ne devient universel que de surcroît. Lorsqu'on tente en revanche de le maintenir sans aucun lien à une expérience concrète, il n'est plus qu'une fixité idéologique. La critique de Marx à Hegel demeure fondée, le sujet des droits de l'homme devient alors une pure abstraction.

L'idéologie actuelle des droits de l'homme est comme un miroir inversé de cette Déclaration qu'elle revendique pourtant comme son origine. Elle voudrait qu'on l'accepte d'emblée dans une abstraction totale, qu'on se positionne pour ou contre elle sans aucun rapport à la réalité. C'est au nom de cette idéologie que notre président peut soutenir que la Chine a une autre conception des droits de l'homme. Que des dictateurs prétendent qu'ils lui sont favorables mais que leur pays n'est pas encore mature. Tout se joue dans l'abstraction. Cette idéologie participe à la spectacularisation de la vie qui confine les gens dans l'impuissance. Elle rompt avec le principe de la Révolution dont elle se dit l'héritière : elle ne s'intéresse plus aux luttes concrètes mais prétend avoir trouvé l'essence même de l'homme et les droits qui y correspondent. Ce geste, déterminer une fois pour toutes l'essence de l'homme, au-delà des existences multiples, est profondément réactionnaire. Les droits de l'homme sont au départ des points de jurisprudence, des affirmations, des créations que la Déclaration a cristallisés. La Ligue des droits de l'homme et Amnesty International s'investissent en revanche dans des actions très concrètes mais tous ces idéologues de salon ne font que proposer des modèles, peu exigeants vis-à-vis de la réalité. La même tension parcourt les droits de l'homme et la justice, elle sépare la jurisprudence féconde et inventive des idéaux forcément réactionnaires et souvent coupables.

RENVOIS : DÉMOCRATIE, HUMANISME, JUSTICE, RÉVOLUTION

E

ÉDUCATION

La question de l'éducation rejoint celle de la perfectibilité humaine. L'histoire nous montre qu'un niveau de perfection supérieur – ou inférieur – est toujours possible dans notre vie individuelle comme dans notre vie sociale : on peut passer de la démocratie à la dictature, de la santé à la maladie, de la maladie à la guérison. Un niveau de perfection supérieur correspond à un plus grand déploiement de possibles. Mais la radicalité de Spinoza réside en ceci : chaque niveau d'existence est parfait, il n'y a pas de manque. Le capitalisme aujourd'hui ne manque de rien. Notre lutte peut en revanche développer les possibles de la situation qui parfois entraînent un autre niveau de perfection. Elle se concentre sur le développement de l'être dans chaque situation mais ne vise un niveau de perfection supérieur que de surcroît. Hypothéquer mon acte présent pour un avenir que je ne connais pas revient à signer un chèque en blanc pour toutes les ombres que comprendra la situation à venir.

L'éducation de nos enfants est certainement le domaine où il est le plus difficile d'accepter la discontinuité irréductible entre nos actes et le résultat. La psychiatrie de l'enfant montre tous les jours qu'il y a un très faible rapport entre la volonté éducative des parents et le devenir de l'enfant. Tout ce que je peux faire, c'est éduquer mon enfant dans un sens positif, assumer mon rôle d'institution, faire consistance. Mais tout cela ne sera jamais qu'un vecteur existant parmi tous ceux qui donneront la résultante. Le devenir de mon enfant ne sera pas identique si je ne fais pas mon travail de parent mais, pour autant, cette présence à ses côtés ne me permet pas de présager du résultat (ou, plus précisément, de la résultante qui se fait en permanence). Plus je partage des moments d'amitié avec mon enfant, plus je développe la possibilité qu'il y en ait d'autres, mais l'éducation reste un pur devenir. Il n'y a pas d'éducation vers quelque chose. Il nous faut relire Melanie Klein ou Anna Freud pour mesurer la force de l'idée contraire. Anna Freud, en particulier, fait de la psychanalyse de l'enfant un élément d'éducation vers une société meilleure. Une éducation qui met au cœur de sa logique le processus ne s'oriente pas vers quelque chose. Pendant trois ans, j'ai fait cette expérience à l'université populaire d'Orgeval. Si nous voulions à tout prix éduquer les enfants pour qu'ils résistent au néolibéralisme, nous posions de nouveaux objectifs. L'éducation doit être un objectif en soi comme processus. Elle ne veut pas transmettre un ensemble d'acquis mais un rapport à la vie comme devenir. Nous pouvons veiller à ce que l'éducation ne soit pas toute dédiée à l'utilitarisme mais qu'elle garde une place pour la connaissance. Elle doit être une fin en soi.

Il existe des passeurs. Ils ne font pas le passage à votre place mais ils vous accompagnent. Dans l'éducation, le concept de passeur est fondamental. Le professeur de nos aïeux prétendait faire l'expérience à la place de l'enfant et exigeait son obéissance, celui d'aujourd'hui veut informer et « armer » l'élève pour l'avenir. La pensée du passeur fait cruellement défaut. Seul il incorpore le temps du processus et se place dans le devenir : il passe avec. Certains professeurs jouent ce rôle mais de façon marginale et souvent dangereuse, comme des apprentis gourous. Le concept de passeur est tellement refoulé que les élèves désirent être en rapport avec ceux qui se comportent ainsi, même à leurs dépens. Concrètement, l'Éducation nationale doit accepter des lieux au sein des établissements où les professeurs réfléchissent à leur mission en ces termes. Il faut créer les conditions de l'émergence de cette pensée. Les Indiens attendent de voir qui est l'enfant pour le baptiser. Ils prennent le temps de connaître la résultante psychique et psychologique qui le fonde pour le nommer « l'ami des arbres », par exemple. Nous avons beaucoup à apprendre de cette expérience. Nous sommes les héritiers d'une vision universaliste et abstraite de l'éducation. L'école laïque en Argentine avait institué la blouse blanche pour gommer les différences sociales. L'intention était noble mais le postulat de départ terriblement faux. La blouse blanche était la concrétisation de cette idée très abstraite : nous partons tous du même socle, nous avons tous les mêmes points de vue – le point de vue de nulle part, de l'universel abstrait – et à partir de là, n'importe quel prédicat peut venir s'articuler à nous. Les Indiens au contraire se demandent qui est l'enfant car, à partir de cette identité, il pourra cheminer vers l'universel concret. La pensée de l'éducation est centrale pour celle de l'engagement.

La question que se posent les Indiens peut se formuler ainsi : quels sont les énoncés que comporte ton prédicat et comment s'articulent-ils avec le monde, avec les autres ? En Occident, nous n'attendons pas de voir qui est l'enfant, le formatage est au contraire de plus en plus précoce. Ce choix d'éducation collective repose sur un non-dit fondamental. La question des Indiens est impensable pour la gauche. Celle-ci s'est enfermée dans ce présupposé idéologique : « Tous les enfants peuvent devenir tout », sans s'apercevoir qu'elle soutenait ainsi le fondement même du capitalisme, la négation de toute différence d'essence. Elle s'est identifiée à la non-détermination face à la droite, qui se positionnait du côté de la détermination et elle ne parvient plus à penser en termes d'essence.

L'idée de la blouse blanche portait l'espoir de l'émancipation mais elle est devenue un énoncé qui empêche toute libération. Une gauche qui a besoin de nier toute surdétermination se condamne à l'imaginaire. La droite extrême, l'intégrisme religieux avancent en affirmant des essences – culturelles, ethniques, religieuses – et la gauche s'ancre un peu plus dans la sérialisation d'un universel abstrait. La confusion est totale. Ma préoccupation est d'être de gauche en étant matérialiste, c'est-à-dire sans nier le réel, de renouer déterminisme, destin et gauche.

RENVOIS : AUTORITÉ, CAPITALISME, CORPS, LONGUE DURÉE, MODE, PAYSAGE

ÉLITE

L'élite prétend s'intéresser à des questions qui devraient concerner tout le monde mais de façon consciente et informée. S'ils font de la musique, ces gens-là seront moins occupés à réaliser un disque qu'à proclamer qu'ils connaissent la seule musique noble. Cette minorité – qui ne l'est que par le nombre – a la conviction de représenter quelque chose d'inaccessible pour la grande masse. Sa pensée est majoritaire et peut se résumer ainsi : la majorité ne peut pas s'occuper de ses affaires, nous nous occupons des affaires de la majorité. Il faut se méfier des élites et de cette idéologie. Dans les devenirs minoritaires, les gens travaillent, développent des activités et ce qu'ils font s'agence avec la multiplicité du réel. Ils ne prétendent pas assumer ce qui devrait intéresser tout le monde. Ils s'occupent de leurs affaires, tout en sachant qu'elles s'agencent avec le monde. Apprenons à militer sans la « conscience malheureuse » d'assumer à la place des autres. Les militants sont persuadés d'être la partie saine d'une population égarée. La réalité est tout autre. Chacun doit se débrouiller avec son essence, par défaut ou par assomption. On ne peut que vivre sa vie. Celui dont l'essence comporte un rapport particulier à la justice sociale choisit de l'éviter et en fait la marque négative de toute sa vie, ou l'assume et déploie son essence. Les militants comme les élites incarnent au mieux quelque chose de leur essence.

Renvois : Devenir minoritaire, Intellectuel, Militant

ENGAGEMENT

Nous avons un deuil douloureux à assumer : celui d'une quelconque continuité entre nos actes et la résultante – qui est par nature inopinée, complexe et imprévisible. L'histoire nous montre que nous ne pouvons jamais prévoir le résultat de nos actions. Mon acte, au moment même où je le réalise, entre en relation avec la complexité des phénomènes réels. La résultante est toujours inattendue. Cette leçon historique m'empêche de dire aujourd'hui : « Je fais cela et j'obtiendrai ceci. » Elle invalide l'idée de parvenir à un État, à une forme sociale souhaitable. Je ne peux plus m'engager pour une société meilleure en étant persuadé que mes actions m'y conduiront.

Faire le deuil d'une relation de cause à effet entre mes actes et la situation résultante ouvre une autre voie d'engagement. Je peux toujours lutter pour que les hommes et les femmes soient capables d'affronter n'importe quelle situation, de parer au pire et de construire le meilleur. Je peux lutter pour le développement de la puissance des hommes. Rien ici de mystique ou de psychologisant. Il s'agit de développer tout ce qui est du côté de la puissance, la solidarité, le savoir, la culture, le mode d'action collectif. Rien non plus qui nous soit si étranger. Aucun parent ne croit qu'il pourra éviter à son enfant des problèmes. La seule chose qu'il s'efforce de faire, c'est de l'éduquer pour qu'il soit capable d'affronter l'adversité.

Nous sommes à un moment de vérité. Soit nous restons dans l'idée d'un engagement en vue d'un cadre de vie, d'une société, d'un État de justice. Soit nous décidons de nous engager pour que la vie ne soit pas cassée, écrasée par les malheurs qui adviendront forcément. Il est là question de la possibilité même de l'engagement. Le premier modèle souffre de telles fragilités qu'il ne peut conduire qu'à un renoncement. La pensée la plus avancée en France, portée par des chercheurs comme Joëlle Proust, Henri Atlan, Jean Petito, René Thom, s'efforce de démontrer en termes rationnels la discontinuité fondamentale entre le soubassement de nos actes et la résultante qu'ils provoquent. La nouvelle épistémologie met en évidence le défaut structurel majeur de la pensée classique de l'engagement : nous ne pouvons pas prévoir le résultat de nos actions. Dans un système, certains dysfonctionnements existent, plus ou moins gênants selon les moments. On a longtemps validé le système et nommé périphérique et marginal ce qui dysfonctionnait. Le système était un ensemble de coordonnées qui prétendait donner la réalité à venir. Si je répondais à toutes ces conditions, je pouvais prévoir ce que j'obtiendrais. Toute notre pensée politique repose sur cette croyance. Tant que nous étions dans une vision du monde qui évitait la complexité, nous nous servions beaucoup de l'expression : « C'est l'exception qui confirme la règle. » Lorsqu'un régime chutait, on désignait un coupable. Il s'agit à présent de regarder ce qui dysfonctionne comme un défi, un appel. Je ne peux pas, à partir des éléments présents dans le système, prévoir ce que sera la résultante. La faille met en cause le système, c'est-à-dire le régionalise. Je peux penser l'avenir mais ne pas le placer au cœur de mon action. Le deuil doit se faire, même s'il est douloureux, sous peine d'invalider tout engagement : axer notre action sur l'avenir est axer notre action sur l'imaginaire.

Notre effort alors ne vise plus du tout la même chose. Mon engagement commence avec cette question : « Quelles sont les conditions de la vie ici et maintenant ? » Il ne sert à rien de le comprendre intellectuellement, il faut le vivre et le connaître comme un rapport différent à soi-même et au monde. Dans les années quatre-vingt-dix, nous étions quelques-uns à nous réunir tous les quinze jours pour tenter de faire barrage à la poussée néolibérale. Les idées transitives fusaient de tout côté, lorsque je pris la parole : « Il faut pouvoir penser que ce que nous faisons là, cette réunion d'une trentaine d'intellectuels qui se demandent comment va notre époque, est déjà un niveau de réussite. » L'incompréhension fut totale. Tous ces gens ne pouvaient pas penser qu'ils avaient quelque chose à faire, en dehors de conduire la populace à l'émancipation, de libérer les autres. Cela n'a rien d'anecdotique. Nous devons sortir de la position de l'émancipé qui doit éclairer les autres. Mais leur incompréhension se nourrissait aussi d'autre chose. Si je ne m'engage plus pour un avenir, imprévisible de toute façon, ma lutte est complète à chaque niveau de son développement, dans la première discussion comme dans l'institution d'une nouvelle société. Le fait que trente personnes se réunissent très régulièrement pour parler de l'état de la France me paraissait une première victoire, un premier objectif atteint. Le propre de ces premiers niveaux est de développer d'autres possibles mais l'objectif n'est pas dans cet horizon, il est tout entier dans cette première situation.

Une foule de personnes se demandent aujourd'hui : « Que faire ? » Il est urgent de rompre avec cette vision tout à fait imaginaire de nos vies. Les gens se vivent comme des sujets auxquels viendraient se coller des accidents, ils se comportent comme s'ils étaient au supermarché en train de faire leur choix parmi une offre immense. L'impuissance commence avec cette idée aberrante : être un sujet devant une panoplie d'engagements possibles. L'aporie est alors indépassable : en tant que sujet sans lien aucun, je ne peux jamais agir. C'est aussi là que débute la militance triste. J'ai de l'argent, du temps, la santé, je pourrais aider tel parti, telles personnes… L'individu croit compter les forces dont il dispose pour ensuite s'investir dans la société. La vie est tout autre. Nous sommes toujours déjà engagés. La question est de savoir quels sont nos énoncés, nos déterminations, par où passe le développement de notre puissance. Dans la vie des gens comme dans la vie des peuples, il n'y a pas de discontinuité. La question ne peut être qu'infinitésimale : « Qu'est-ce que je vais faire dans le demi-pas qui suit ? » Il faut cesser de penser l'engagement comme une décision du nouvel an, la résolution de devenir tout autre. Celui qui étudie ne sait pas si cela déploiera d'autres possibles mais il est déjà en train de vivre quelque chose de non capitalistique. L'engagement se fonde sur les asymétries infimes du quotidien. C'est toujours au nom du grand engagement que j'aurai demain pour la liberté que je tourne le dos à un mode de vie qui construit peu à peu des devenirs de libération. Les politiques critiquent ce qui leur apparaît comme un individualisme psychologisant. Ils ne se rendent pas compte qu'ils sont perdus dans un imaginaire bien plus terrible. On n'a jamais trouvé aucun vaccin en disant aux chercheurs : « Arrêtez toutes vos manipulations qui ne servent à rien, trouvez-nous le vaccin. » La découverte du vaccin émerge grâce à un apprentissage lent et contradictoire.

La question de l'engagement peut aussi se formuler ainsi : mon action est-elle transitive ou pas ? Le transitivisme, on l'a vu, nous condamne à l'imaginaire. Toute résultante fixe une nécessité *a posteriori* mais je ne peux jamais la connaître *a priori*, au moment où j'agis. Le faux sérieux des militants résulte du caractère profondément irrationnel de leur position. Lorsque mon action n'est pas ordonnée de manière transitive, ses déploiements sont infinis mais inconnus. Il nous faut expérimenter pleinement les mots de Sartre : « On s'engage toujours dans une certaine ignorance. » Assumer la situation ne signifie pas la dénoncer mais chercher à développer en son sein ce qui est du côté de la puissance. Au lieu de proclamer que « le fascisme ne doit pas exister », luttons pour les droits civiques, l'abolition de la torture… La lutte est radicalement différente : soit j'agis ici et maintenant, dans des évidences du type « je ne pense pas que la science d'un professeur noir soit inférieure à celle d'un professeur blanc, je refuse que le premier ne soit pas nommé à l'université » ; soit je m'oppose à la même injustice mais en pensant que par cette résistance nous parviendrons à la société idéale. Dans le premier cas de figure, mon engagement a une explication interne à la situation et suffisante ; dans le deuxième, j'efface l'universel concret qui fonde mon action au nom d'un universel abstrait et d'une promesse.

L'engagement et le désir de justice sociale ne peuvent plus investir les objets imaginaires qui sont ces mondes à venir. La consigne « un autre monde est possible » est douce mais trompeuse. La politique s'est toujours perdue dans ces discours qui réchauffent le cœur. Tout récit global nous condamne à la répétition incessante de la frustration. Notre question doit être celle-ci : comment penser l'action sociale en des termes moins imaginaires ? Depuis trente ans que je lutte, je ne peux pas soutenir que le récit dans lequel s'inscrivent mes actes n'est pas purement imaginaire. Chaque fois que j'ai prolongé ma consultation psychanalytique pour aider un patient, chaque fois que j'ai résisté à la torture, à la soumission, je ne doute pas un seul instant d'avoir fait ce qu'il fallait faire à ce moment-là. Mais le récit dans lequel s'inscrit tout cela, je n'en ai aucune idée.

L'engagement n'est pas un choix. Il se résume à assumer ou non ce qui se présente à nous comme un bruit dans le système. Ce qui fait bruit marque la frontière entre la perception et l'aperception, quelque chose de vague mais pas tout à fait sourd à nos oreilles, qui insiste. Si j'écrase ce bruit et diminue mon champ d'aperception, je mène une vie de plus en plus personnelle, je crois que je peux exister séparé de tout ce qui m'entoure. Ce qui fait bruit pour moi dépend de mon point de vue, de mon essence. Un musicien sera happé par des sons, des harmonies, et son engagement sera de ne pas contourner les difficultés en musique. Par le fait de créer, il sera dans une attitude de résistance à la mort, à l'effacement de l'être. Il pourra comprendre une autre lutte par analogie, être sensible à un engagement commun, même si les formes et les champs de résistance sont très différents. La pensée de l'engagement doit accepter ceci : à chacun son bruit. Des millions de musiciens partageront le même souci, et ce que l'on peut espérer de mieux, c'est qu'ils comprennent par analogie l'engagement pour la justice sociale par exemple. L'analogie est possible car il s'agit du même geste : relever le défi. Un grand mathématicien comprendra peut-être qu'il est engagé dans une résistance et proche d'autres combats. Mais l'histoire est riche de contre-exemples.

L'engagement politique n'est qu'une des formes de la résistance et il n'y a pas plus de raisons qu'un scientifique soit antifasciste qu'un résistant s'y connaisse en musicologie. La politique comme défi, création de nouvelles formes de solidarité, de nouveaux modes de répartition, est loin de regarder tout le monde. La gestion politique seule concerne l'ensemble des citoyens. Nous partageons le paysage auquel nous appartenons. Mais chacun développe son aperception, sa création. Le musicien comprendra parfois le résistant par analogie, parfois non. La vision simpliste de la cohérence veut garder à tout prix l'unité du soi. Dans le cas de Heidegger, elle prétendra qu'il n'était pas un bon philosophe ou pas tout à fait nazi. Heidegger était nazi, et aussi un grand philosophe. Nous pouvons être blessés de cela mais nous sommes forcés de reconnaître la multiplicité qui s'exprime ici. Lorsqu'un physicien comme Eisenberg confesse sa collaboration avec les nazis, cela ne déclenche pas autant de discours. Qu'un philosophe qui pense les questions de l'être, de la pensée, de l'éthique, soit nazi nous interpelle davantage. Nous avons du mal à imaginer qu'il y ait dans la philosophie des dimensions autonomes de la position réactionnaire de son auteur. En dehors de la philosophie morale, d'autres dimensions peuvent être pourtant développées indépendamment de l'engagement du penseur. Je peux passer ma vie à étudier l'épistémologie sans que jamais ne se croisent mes recherches et mes positions politiques. Dans l'œuvre de Heidegger, il existe des croisements qui toujours posent problème et affaiblissent sa philosophie. Mais souvent le développement de sa pensée ne rencontre pas le champ politique. Nous souhaiterions tous qu'un grand philosophe prenne parti pour la liberté mais la multiplicité est notre lot. Nous ne pouvons que développer sans cesse plus de création et de liens.

RENVOIS : ACTION RESTREINTE, AGIR, APPEL, CONSCIENCE, DEVENIR, ÉDUCATION, FANTASME, GLOBALITÉ, IMAGINAIRE, POLITIQUE

ÉPOQUE

Les époques n'émergent pas du calendrier, ni des grandes batailles, elles émergent lorsqu'une problématique est assez puissante pour changer le paysage général. À un moment donné, des chercheurs se mettent à parler du même sujet sans se connaître car ils répondent à un questionnement identique. Penser, comme le dit Nietzsche, c'est penser ce qui se donne à penser. On pourrait le dire plus trivialement. Nous pensons comme les fourmis dans une fourmilière qui subit une inondation : dans l'urgence de trouver une solution à un problème, à une problématique, et non en poursuivant des objectifs transcendantaux. La grande ironie réside en ceci : on voit ce qu'on est en mesure de comprendre, on nomme problématique cette portion de l'être qui se donne à penser, cette portion que nous arrivons à travailler. Autrement dit, l'humanité n'envisage jamais que les problèmes qu'elle peut penser en partie résoudre. Déceler une problématique implique d'être déjà dans son dépassement.

Celle qui fonde notre époque a un siècle, elle s'ouvre sur une rupture radicale dont les retentissements se font encore sentir : la rupture de la référence. Au début du XXe siècle, tous les domaines de pensée sont en effet ébranlés par une même onde de choc : derrière les modèles, les mots, les concepts, l'objet auquel ils font tous référence disparaît. Les physiciens, les premiers, découvrent que leurs formules ne renvoient plus à des objets mais à des situations, à des phénomènes complexes impossibles à retrouver selon le schéma classique action/réaction. La linéarité entre la formule et la chose s'évanouit. Françoise Balibar résumera cette révolution par une question : la nouvelle physique abolit-elle le réel ?

Quand Newton parle de la gravitation universelle, il parle d'objets avec un poids, une masse, qui s'attirent de façon proportionnelle à leur masse, inversement proportionnelle à leur distance. Ces objets sont là avant que je les voie et demeurent lorsque je cesse de les voir. Lorsque l'objet s'efface, c'est l'idéal de Galilée, la *mathesis* universelle qui tombe, qui voulait que l'univers soit écrit dans le langage mathématique, donc déchiffrable, donc maîtrisable. Quelque chose de cette tour de Babel rationaliste, de cet idéal des Lumières qui voit dans l'ignorance sa pire ennemie, s'écroule en 1900.

La même rupture bouleverse la linguistique. Ce qui se donne à penser dans notre époque, c'est cet effacement du monde derrière les concepts et les mots. La langue n'est plus un bon outil de référence par rapport à ce que le monde est en train de vivre. Elle commence à se perdre et cesse d'être en rapport avec « l'aube profonde de son déploiement », où la pensée ne connaît pas encore les concepts. Elle ne devient que concepts, cède à la tentation folle de l'autoréférence. Un concept qui ne signifie plus que lui-même est un concept fou. Frege tente de penser une langue autoréférente mais de façon purement technique, sans y voir le symptôme d'un changement plus vaste. Pourquoi tout à coup sont-ils plusieurs à penser une langue autoréférentielle ? Il y a là quelque chose qu'ils ont peur de comprendre mais qu'ils tentent de connaître : le réel est en train de s'estomper de derrière les catégories.

En histoire, la révolution des Annales porte en elle les mêmes questions : de quel réel parle le récit historique ? Les dates, la succession des rois qui remplissent les livres d'histoire rendent-elles compte du réel ? Comme les physiciens, les historiens emmenés par Lefebvre et Bloch se rendent compte que le réel auquel ils faisaient référence ne répond plus. Comme les physiciens, ils continuent pourtant à travailler, ne déclarent pas l'échec de la raison mais commencent à inventer un rapport différent à la connaissance. Ils apprennent à distinguer l'ignorance et le non-connaissable. À côté du « pas encore connu », émerge autre chose. En logique, ils se rendent compte que l'idéal d'une connaissance totalisante n'est pas possible.

La langue de la modernité parlait de toutes ces choses qui s'évanouissent, de cette substance qui tout à coup se vide. La tentation de l'autoréférence en linguistique est une réaction désespérée à la disparition brutale de tout un monde, au caractère insaisissable de son devenir. Dans les sciences dures comme dans les sciences humaines, on agit comme si ces données nouvelles s'intégraient tout de même au projet de la modernité. On ne parle que de ce bouleversement sans en réaliser la profondeur : ce qu'on vient de découvrir détisse notre monde, nous détisse. La langue dont nous avons hérité n'a à sa disposition que des mots trop abstraits, peu en rapport avec l'expérience : le néolibéralisme, le féminisme, la laïcité… La modernité a toujours parlé en visant cette universalité. Notre époque manque d'une langue resubstantialisée. Les mots qu'elle comporte renvoient à une substance sans lien avec le monde. Nous voyons croître une infinité de devenirs minoritaires parfois intéressants, parfois inquiétants, mais nous sommes incapables de produire les mots qui correspondent à ces nouveaux paysages. L'espoir de la langue moderne était de dire le vrai sur le réel. Elle achoppe aujourd'hui sur cette question : comment continuer à dire le vrai en cohabitant avec le non-connaissable ? Notre époque semble nous dire sans cesse : « Ce que tu dis n'est pas suffisant. » Les symptômes sont nombreux qui soulignent cette scission : la tristesse, le sentiment d'impuissance, d'éloignement de soi-même, la virtualisation de nos vies ne se sont jamais fait autant sentir.

Les scientifiques ont accepté la perte de l'objet et ont accueilli le phénomène sans pour autant sentir la terre se dérober sous eux. La science ne travaille plus que sur des modèles épistémologiques. Elle est passée de la prétendue connaissance de l'objet à un travail sur des modèles. Le spécialiste du lapin a accepté le fait que les lapins n'existaient pas forcément et a continué son travail de « lapinologue » en étudiant les champs dans lesquels ce que l'on appelle lapin existe. Bref, les scientifiques ont accepté de travailler de façon non idéologique, sans vouloir démontrer que les lapins existaient. En sciences humaines, nous sommes restés très idéologues et nous sommes devenus incapables de parler du monde tel qu'il est. Le philosophe est tenté d'oublier l'importance du présent d'une époque. Il travaille toujours les mêmes essences, les mêmes objets philosophiques, et il se convainc qu'en lisant Proclus ou Spinoza il parviendra bien à résoudre le problème. C'est faire l'impasse sur l'essentiel, la pratique : les textes recèlent des clés fondamentales mais ne donnent jamais la clé d'une époque. La science est moins sujette à cette tentation car elle ne dispose pas de toutes ces clés. Même s'il y a une littérature scientifique, les objets qu'elle étudie sont toujours nouveaux. L'existence n'est que pur présent et même si les clés sont géniales, elles ne font partie que du soubassement à partir duquel une émergence est possible. Et aujourd'hui, force est de constater que les éléments capables de resubstantialiser notre langue, d'en faire la langue de notre époque, n'émergent pas. On ne peut pas resubstantialiser une langue en laboratoire linguistique mais seulement par des pratiques. Cela implique que des hommes acceptent d'agir un moment sans pour autant mettre de mots sur leurs actions.

La philosophie a eu tendance elle aussi à devenir autoréférente. Elle s'est faite sophistiquée, précieuse. Deux grandes réactions ont façonné son histoire. Heidegger a vu dans la science le tout autre, le mal. La science ne pense pas et la philosophie doit être en retrait vis-à-vis d'elle. L'école de Francfort, elle, a opposé dans une pureté un peu abstraite l'homme à la technique. Même lorsqu'elle a tenu compte de ce qui se donnait à penser, la philosophie s'est désengagée. Si ces philosophes ont eu le mérite de signaler ce qui ne se pensait pas encore, ils ont rejeté ces problèmes grossiers qui ne pouvaient concerner la philosophie ou, à l'inverse, ils ont imaginé comme Marx que la technique s'articulait parfaitement avec le développement de l'être.

La philosophie a pourtant dans son histoire tout un faisceau de relations avec les grandes découvertes scientifiques. Les problèmes de l'humanité se sont toujours pensés à partir des avancées scientifiques. Pourquoi la philosophie a-t-elle tant de mal à se resubstantialiser, pourquoi persiste-t-elle ainsi à tourner autour de son concept ? La philosophie institutionnelle est devenue religieuse dans son rapport au monde.

Renvoi : Philosophie

EXIL

L'exil est une expérience limite qui dévoile l'importance des racines de tout être humain. Il peut être aussi chronologique que topologique. Quand bien même nous restons au même endroit, quelque chose ne nous est plus accessible. L'exil nous dévoile la nature humaine. L'homme ne se réduit pas à une conscience et à une série de choix, il est en constant devenir, embarqué dans un voyage, une Odyssée dont il n'est qu'un moment. Les exilés évoquent cet exil ontologique, la rupture avec le port de départ.

Notre culture voudrait nier cela et tente de sédentariser et de discipliner les gens. Elle fait ainsi violence à tous les exilés mais aussi à l'essence même de l'homme.

RENVOIS : DEVENIR, EXISTENCE, VIOLENCE

EXISTENCE

L'engagement tel que nous le concevons est une forme d'existence. Le sujet ne peut être distingué de son expérience, se préserver des modifications qu'elle entraîne. Si nous ne parvenons pas à enjamber la figure de l'individu, les grands problèmes qu'affronte notre planète ne pourront pas être résolus. La technique et l'économisme ont des corollaires gravissimes qui détruisent la vie. Si l'on se contente de dire, à l'instar des militants, qu'il faut s'engager, partager, ne pas polluer…, on reste au cœur d'une aporie indépassable : articuler une morale de l'individu à des problèmes qui ne tiennent qu'à lui et à sa manière de se concevoir séparé du monde.

L'essence pour exister doit agencer des parties extensives, elle n'existe qu'en acte. Mais les parties extensives ne pré-existent pas non plus à l'avènement de l'essence qui les articule. Tout ce qui existe implique une contemporanéité, un pur devenir des essences et de l'existence. Lorsque Leibniz écrit qu'une monade ne peut être détruite que de l'extérieur, il pose la monade comme une fonction qui n'existe que sous la forme de différents niveaux d'agencement. Le fonctionnement reste hétérogène aux parties extensives qu'il agence. Ma chair, mes os sont une sorte d'extériorité qui, en tant qu'extérieure, se trouve confondue dans l'ensemble des atomes de la pièce où je me trouve, par exemple. « Connais-toi toi-même » repose sur une notion de la connaissance qui s'est perdue, qui lie l'expérience à celui qui expérimente et qui n'en ressort jamais identique. Cela ne signifie pas qu'il existe une entité qu'il faudrait connaître mais : « déploie-toi toi-même, à travers des pratiques »... Il n'est pas question de connaître une essence cachée derrière l'existence mais de développer les possibles de chaque essence. Déployer son essence revient à ne pas déplier quelque chose de déjà-là avec une forme donnée mais à développer des niveaux d'existence multiples et variés.

La seule possibilité de penser une intériorité est le point de vue. Je ne suis qu'un pli de l'étendue auquel correspond un certain point de vue et non un ego. Nous sommes non pas la somme des éléments qui nous composent mais ce qui en émerge, notre fonctionnement. Nous sommes situés de par nos parties extensives, chaque pli est singulier. Cette pensée est compliquée car mal comprise, elle peut nourrir l'individualisme le plus bête : « Je suis tellement singulier que je n'ai rien en commun avec personne. » Si je délaisse cette fausse particularité du moi qui n'est qu'un amas d'accidents, je trouve mon point de vue qui m'oblige à assumer une infinité de conditions matérielles. La seule intériorité que je puisse revendiquer est d'être un pli de l'extériorité. Je suis tout sauf coupé du monde.

Renvois : Connais-toi toi-même, Corps, Engagement, Globalité, Utopie

EXPÉRIENCE

Nous sommes en quelque sorte coupés de notre expérience. Si nous accordions moins de place à notre conscience, nous pourrions nous intéresser aux devenirs dans lesquels nous sommes pris. Il est toujours possible d'élargir notre champ d'aperception : nous pouvons apercevoir des couleurs que nous percevions sans les apercevoir, de même que nous pouvons apercevoir des injustices comme existantes. Élargir son champ d'aperception, c'est aller vers cette perception dont je ne m'apercevais pas et dont je n'avais donc aucune possibilité d'être conscient, c'est développer le soi.

L'expérience, si elle n'est que théorique, livresque, se réduit à une somme d'informations. Si à l'opposé elle est une pratique sans réflexion, elle se condamne à une répétition stérile. Elle doit suivre un mouvement de va-et-vient entre la pratique et la pensée. Le cinéma nous montre la différence entre un film subjectif où l'auteur ne parle que de soi, et un film où, à travers les personnages, il aborde l'univers tout entier. Dans *Hiroshima mon amour*, Hiroshima n'est pas qu'un décor, Hiroshima traverse les personnages. Les deux amants ont une aperception très élargie d'Hiroshima, qui leur fait se demander comment l'amour est encore possible. Puisqu'ils ont Hiroshima en eux, comment peuvent-ils s'aimer ? Pour beaucoup de gens, Hiroshima est une perception qui ne parvient pas à être une aperception, qui ne fait pas partie du soi. De la même façon, nos contemporains disposent d'un champ immense d'informations, de perceptions qui n'entrent pas en eux. L'aperception marque la frontière entre le soi et le non-soi, le soi commence quand ces perceptions sont saisies dans l'intériorité.

La question de l'expérience se pose ensuite en ces termes : comment articulons-nous ces perceptions que nous avons incorporées avec le fait que nous avons une vie à vivre ? Devons-nous ressembler au prophète de malheur, chez Tintin, qui se promène en criant que la fin du monde arrive ou nous dire que de toute façon nous ne serons plus là et que cela ne nous regarde pas ? Comment pouvons-nous nous placer dans un champ d'existence, d'engagement, qui ne soit plus centré sur la conscience ? Comment puis-je intérioriser de plus en plus de perceptions et les agencer dans mon être ? Mon expérience est l'aperception par laquelle je fais d'une partie de la perception le fondement de moi-même. Je ne suis pas une conscience étriquée mais un champ d'aperception que je peux toujours élargir par mon engagement dans le monde, sans frontière ni limite préétablie.

On m'a souvent reproché de tomber dans l'irrationnel. La rationalité déborde largement la conscience. Lorsqu'on sort de cette limitation, on accède à des niveaux de pensée qui permettent d'apercevoir quelque chose du devenir. Il n'y a aucune magie là-dedans. Il suffit de se laisser un peu de côté en tant qu'individu. Par mon travail théorique et pratique, j'accède alors à un point de vue qui me permet de saisir l'agencement des choses dans la longue durée. Il est donné à l'homme de connaître quelque chose du devenir – ce que la conscience ne voit toujours qu'en retard – s'il veut bien en payer le prix : construire des pratiques communes. Être dans la création signifie toujours se mettre en danger en tant qu'individu, s'oublier un peu. « Là où augmente le péril, augmente aussi ce qui sauve », écrivait Hölderlin. Toute la question de l'engagement tient à ce choix : s'en tenir à l'illusion rassurante d'un moi coupé de tout ou aller vers la vie comme devenir. Nous savons très bien ce que nous choisissons au quotidien, le narcissisme ou le commun, le pouvoir ou la puissance. L'engagement comme sursaut n'existe pas, il est une somme de microfidélités qui aboutissent à un mode de vie.

Renvois : Conscience, Justice

F

FAINÉANTISE

La première canaillerie est la fainéantise. Avant les grandes abominations, avant d'être un tortionnaire, on commence toujours par être un fainéant, par écraser l'appel en nous sous prétexte que « c'est compliqué ». Un Blanc qui vit en Afrique du Sud au temps de l'apartheid a maintes occasions de discuter avec un Noir. À partir de cette première expérience commune, à lui de travailler, d'avoir le courage d'affronter les questions qui émergent : Pourquoi serait-il inférieur à moi ? Pourquoi devrais-je le traiter en inférieur ?... Répondre à l'appel n'a rien de mystique, c'est oser les questions que m'offre la situation que j'habite, c'est lâcher prise sur la jouissance, accepter le travail du négatif qui déconstruit, recherche. La fainéantise est le premier pas vers l'oubli.

Il n'y a pas là de jugement de valeur qui placerait le travail au plus haut. Le fainéant de nos sociétés est souvent un homme qui travaille beaucoup, énormément même, parfois jusqu'à l'épuisement physique. Celui qui lutte pour le pouvoir produit un effort, il court très vite vers le chant des sirènes et très loin des questions qui le fondent. Il existe en quelque sorte une fainéantise lente et une fainéantise rapide qui reposent sur la même position existentielle : éviter les questions auxquelles nous n'avons pas le courage de répondre, les asymétries infinitésimales qui émergent dans nos vies. Celui qui fait du lobbying pour faire oublier que le produit de son laboratoire est cancérigène peut mourir à la tâche, il n'en sera pas moins un fainéant qui aura ignoré l'appel en lui. La lutte contre la fainéantise ne passe pas par une apologie du travail mais par cette question : où en sommes-nous de l'appel qui nous fonde dans notre situation ?

Nous ne pouvons pas oublier l'éloge de la paresse de Paul Lafargue, écrit contre la vision utilitariste de l'être humain. Le droit à la paresse ne se fonde pas sur la fainéantise mais il implique alors le déploiement d'autres possibles.

RENVOI : APPEL

FANTASME

Le fantasme est une composition psychique qui détermine notre rapport au monde. C'est un petit mythe individuel constitué de divers éléments de l'histoire sociale et familiale. Une sorte de récit qui donne préalablement une explication à nos expériences à venir. Le fantasme excède donc beaucoup la fonction érotique à laquelle on l'associe communément.

S'il prend une importance démesurée, il peut conduire à un évitement ou tout au moins à une surexplication de l'expérience. Plus nous sommes enfermés dans un rapport individualiste et personnel, plus nous constatons en permanence notre fantasme. Il devient alors un des mécanismes de désengagement les plus puissants. Plus je suis centré sur mon film intérieur, moins je me place à l'épreuve de la *praxis* et de l'autre.

Le but n'est pas d'en finir avec le fantasme. Personne ne se débarrasse de ses fantasmes originaux, de son histoire familiale, de ses expériences précoces, mais il est possible de ne pas en être dupe. Le fantasme originaire ne peut pas être modifié mais, s'il cesse d'être prioritaire, de nouveaux agencements modifieront ses effets. Il devient un sous-ensemble périphérique qui ne résume pas notre rapport au monde. Il ne s'agit pas d'enjamber la subjectivité mais de l'assumer comme un point de vue. Nous pouvons connaître quelques éléments de notre fantasme, quelques explications sur notre relation au monde et aux autres, sans en faire le centre de notre vie. Mon fantasme peut être par exemple de travailler beaucoup sans être jamais reconnu. Je m'arrange alors pour que la réalité coïncide, que personne ne reconnaisse ce que je fais, et je me retrouve sans cesse dans la même situation d'injustice. Cette névrose quotidienne nous prive de tout rapport aux autres et à notre existence. Beaucoup de patients sont ainsi plongés dans une vie fantasmatique qui les condamne à la répétition. Les expériences de création, les expériences amoureuses, parfois analytiques, peuvent conduire à décentrer un peu le fantasme originaire.

Le fantasme est ce qui communique par excellence. C'est d'ailleurs le paradoxe du fantasme originaire : il est inconscient mais on ne cesse de le dire et de le répéter. Le plus intime, souvent inconnu au sujet lui-même, est montré, répété en permanence. Celui qui souffre d'un fantasme de reconnaissance finira par faire une mauvaise rencontre avec quelqu'un de très abusif, par exemple, et qui a pour fantasme de maîtriser les autres. Les fantasmes coïncident sans que les êtres entrent véritablement en contact.

L'engagement et la responsabilité face au monde sont impossibles tant que le fantasme communique et se répète. Plutôt que de travailler, d'être dans des rapports d'objet, les gens demeurent dans un rapport tout à fait narcissique dans lequel chacun raconte son fantasme à l'autre.

Renvois : Amour, Communication

FATIGUE

La fatigue est le symptôme d'une dépression qui touche aujourd'hui des millions de personnes. Notre société a fait de l'évitement de l'effort une condition du bonheur. Le confort est le bonheur à l'heure de la technique et de l'oubli de l'être. Nous préférons tous bénéficier d'un certain confort. Le mensonge consiste à en faire la seule idée du bonheur possible. Pour être heureux, la publicité nous montre alors qu'il ne faut pas monter les escaliers, qu'on peut se muscler sans faire de gymnastique… Je regardais la télévision en faisant mes exercices de gymnastique lorsque apparut sur l'écran une superbe fille qui vantait les mérites d'un appareil pour se muscler sans effort en mangeant un énorme gâteau à la crème. Au-delà de la situation cocasse, il était flagrant qu'elle et moi ne vivions pas la même expérience. Il n'était pas question de la même vie. L'idée que seul le résultat compte est fondamentalement ridicule car il n'y a jamais de résultat mais un parcours. Pour le dire autrement, nous connaissons tous le résultat final, la tombe. Si l'homme perd l'idée de parcours, il perd tout. La question de l'effort n'est donc pas morale mais ontologique. Rejeter l'effort revient à éviter la vie, à ne pas développer son *conatus*. L'intentionnalité de tout être vivant est de développer sa vie. Cette tendance n'implique aucune téléologie, elle est l'effort de tout être pour persévérer dans son être. La vie veut la vie. Quelqu'un qui ne bouge pas voit son corps dépérir, quelqu'un qui ne pense pas penche de plus en plus du côté de l'opinion et de la recherche identitaire.

L'évitement de l'effort a paradoxalement plongé notre société dans une très grande fatigue. Elle affronte ainsi comme une fatalité ce qu'elle avait tenté d'annuler. Elle n'offre plus que l'apologie du confort ou la vision de ceux qui sont exploités, dont l'effort est aliéné. Elle ne sait plus penser un effort d'émancipation, de création, d'amour, de pensée… Lorsqu'on est impliqué dans l'agir, la question de l'effort et de la fatigue ne se pose pas. Je peux ne pas aimer être trop fatigué mais ne pas ordonner ma vie par l'évitement de la fatigue. La fatigue est le symétrique du bonheur dans notre monde. Je peux aimer être heureux mais, si j'oriente ma vie en fonction de mon seul bonheur, je trouve son contraire. Si j'ordonne ma vie par le rejet de toute fatigue, je subis celle-ci sous les formes de la dépression et de l'impuissance. La fatigue actuelle tient à l'immense effort produit pour éviter tout effort. Les gens n'ont plus de forces, ils consultent, consomment des psychotropes, des vitamines. Ils le disent eux-mêmes : ils sont dévitalisés.

Il n'est pas possible de penser l'engagement, de construire une alternative, sans tenir compte de cette donnée matérialiste : les gens vont mal, leur vie s'épuise dans l'immédiat. Il faut aller chercher les combattants là où ils sont et, aujourd'hui, ils sont enfouis, cachés, estompés en chacun de nous. On me reproche souvent d'oublier les rapports de force. Il y a bien sûr des luttes qu'il faut assumer mais notre problème tient moins au manque de programmes que de combattants.

RENVOIS : AGIR, BONHEUR, EXISTENCE

FÉMINISME

Dans l'histoire de l'engagement, le féminisme représente une rupture sans précédent. Les femmes ont intégré dans la pensée progressiste cela même qu'elle avait rejeté et laissé aux courants de la réaction : la pensée en situation, en tant que femme, Noir, Occidental ou autre. En soutenant que les hommes pourraient comprendre leur lutte mais jamais la connaître, elles commirent un crime de lèse-majesté. J'accompagne les luttes féministes depuis plus de trente ans, je reçois en analyse beaucoup de femmes, mon champ de compréhension est large. J'ai pourtant fini par réaliser ce que les militantes disaient alors : au-delà de ce que nous pouvons partager, l'expérience d'être femme dans son corps marque la frontière entre la compréhension, la solidarité et la connaissance. Il n'est pas question de réduire le féminisme à une question de sexe. Certains vécus sont des vécus de genre, d'autres sont biologiquement déterminés. Le biologique ne donne pas le sens – « on ne naît pas femme, on le devient » – mais il ne peut pas pour autant être nié.

Le féminisme rompt ainsi avec la pensée progressiste qui concevait l'engagement selon un modèle de désubstantialisation. Tous les mouvements précédents avaient préféré gommer les particularités de chacun. Les hommes devaient assumer le point de vue de la conscience universelle. La porte était ouverte à tous les excès. Un point de vue ne se définit pas par une identité mais par des pratiques et par l'agencement matériel qui les détermine.

RENVOI : CORPS

FRAGILITÉ

Nous passons notre vie à vouloir éviter les faiblesses et à chercher le pouvoir. Nous tentons ainsi de nous imaginer forts de manière définitive, nous voulons ignorer que la force n'est jamais qu'un moment entre deux faiblesses. La fragilité est cette condition ontologique qui se situe au-delà de la dichotomie fort-faible. Elle consiste à reconnaître que notre être est devenir, que nous sommes dans l'éphémère. Comme je sais qu'un repas n'étanchera pas ma faim à jamais, il me faut penser que tout acte de création, de justice, d'amour, relève de l'irréversible mais n'en demeure pas moins éphémère. Les pyramides existent dans cette fragilité totale. Elles se dressent toujours devant nous mais le monde des pyramides n'a pas survécu. Au sein de l'éphémère, nous avons accès à des expériences et à des niveaux de vie radicalement différents : nous pouvons expérimenter la solidarité, l'amour, ou rester dans l'égoïsme, nous pouvons tenter de connaître ou nous en remettre à l'opinion. Au sein de l'éphémère, nous accédons à des expériences irréversibles.

La fragilité va à l'encontre de l'injonction actuelle d'avoir une cohérence de vie. Les gens tentent de construire un tableau, un sens qui donnerait une cohérence à leur existence. Comme dans *Macbeth*, l'histoire pourtant ne veut rien dire du tout. On adresse des questions de sens au mauvais interlocuteur, l'individu. La cohérence est absente ou plaquée. Ce sont les paysages qui nous traversent, les situations que nous avons habitées qui peuvent donner une certaine légitimité à notre parcours. Vouloir à tout prix donner une cohérence à sa vie, c'est être dans une position de force imaginaire, et tomber dans une faiblesse ridicule.

RENVOI : INDIVIDU

G

GLOBALITÉ

La nécessité d'une action globale m'est en permanence objectée. La réponse est complexe. On ne peut pas aborder la question de la globalité sans affronter celle de la totalité.

S'engager consiste à rompre avec une position attentiste, imaginaire, casser la séparation, aller au-delà de l'impuissance. Agir signifie être en rapport avec des fonctionnements qui relèvent d'une totalité. Par exemple, je conteste le Fonds monétaire international en Argentine car, si nous payons la dette, des milliers d'enfants vont mourir, des milliers d'hommes seront au chômage… Si je pars de ce constat et décide de jouer aux échecs tous les vendredis, il est clair que j'ai manqué la totalité de la situation. Dans l'engagement, cette question est cruciale : comment faire pour ne pas manquer la totalité ? Il est possible de développer un mouvement de masse énorme, sur des consignes et des pratiques qui la ratent. Pendant des siècles, on a saigné des gens sous prétexte d'éliminer les mauvaises humeurs.

Ces pratiques devaient avoir une efficacité paradoxale mais il est incontestable, d'un point de vue scientifique, qu'elles n'étaient pas indiquées. Ne pas manquer la totalité signifie entrer en rapport avec le réel concret qui ordonne la situation. Ce qui ordonne une fièvre n'est jamais un excès de sang. Si je fais une saignée, je rate donc le noyau de réel qui ordonne la maladie.

Pendant longtemps, la totalité fut pensée comme la somme des éléments qui la composaient. Elle est au contraire le processus qui agence et installe le devenir de l'ensemble. La totalité n'est jamais un élément plus ou moins important. Je comprends distinctement un phénomène lorsque je comprends son fonctionnement, son articulation et non seulement sa structure fixe. Je peux alors agir sur lui car je ne me place pas dans une région excentrée mais en son cœur. J'établis un rapport avec la totalité concrète quand j'arrive à une connaissance du processus, du devenir dans lequel les éléments du phénomène s'agencent, et non par un savoir encyclopédique sur eux. La totalité est alors englobée par ma compréhension du fonctionnement. Si j'étudie la nature comme une totalité qui surplombe les plantes, je ne trouve qu'une totalité incomplète et abstraite. Si j'étudie la photosynthèse, je peux saisir la plante comme une globalité puisque je comprends le processus qui ordonne son existence. Les totalités sont par définition en relation entre elles mais cette relation ne se totalise pas. De manière identique, les situations sont des totalités qui s'agencent pour devenir les étapes d'un moment historique.

Les conséquences de cela sont très concrètes. S'attaquer au pouvoir central c'est ériger une fausse globalité, car il n'est rien d'autre qu'un élément de plus dans cette totalité incomplète. Je parle de totalité quand je peux distinguer clairement un fonctionnement autonome qui agence une quantité infinie d'éléments. Il existe dans les phénomènes sociaux une série de totalités qui sont les éléments d'un ensemble toujours incomplet. Nous imaginons souvent qu'un élément de la multiplicité sociale occupe la place de la totalisation des éléments sociaux. Cette globalité n'est que la projection imaginaire d'un élément qui existe à la base, le pouvoir d'État, le capitalisme, par exemple. Il n'existe aucune possibilité de passer du global concret au global abstrait. La difficulté est de cerner le lieu du global. Il existe comme un élément dans chaque totalité. Il n'est atteignable qu'à partir du local. Le capitalisme n'existe et ne peut être combattu que dans chaque situation. Le piège de la pensée abstraite consiste à croire qu'il existerait comme un niveau autonome.

Avant d'attaquer la globalité, demandons-nous où elle existe. La résistance doit viser le processus. Le processus est l'ensemble des expressions du néolibéralisme dans la vie concrète de la société. La lutte connaît ainsi une infinité de lieux de résistance. Elle passe par la défense des acquis, par le développement d'une culture de la solidarité selon laquelle l'homme n'est pas utilisable, d'expériences de solidarité concrète, comme les économies solidaires.

Elle épouse toutes les formes de résistance à la destruction de la vie. N'importe quelle expérience humaine peut être la porte d'entrée d'une pratique de résistance pour peu qu'on travaille. Il n'existe pas de voie royale. Celui qui se rend à un repas de quartier peut le faire pour des raisons très différentes. Il peut rechercher une qualité de vie supérieure, davantage de sécurité, et se penser de manière séparée. Il peut se dire au contraire que tout ce qui vise à sortir de l'isolement, de l'endormissement et du capitalisme est bon à faire. Au-delà de ce qu'il fera le lendemain, il se place du côté du commun, de la totalité, ou du côté de la séparation. La résistance passe par des pratiques qui nous approchent du processus. Les militants confondent données économiques et processus. Les premières ne sont qu'un élément du second. L'autre erreur fondamentale est de croire que la résistance s'identifie à la contestation. Aujourd'hui le système a la capacité d'assimiler toute contestation. La résistance tient à la création de pratiques qui travaillent sur le processus. La radicalité réside dans la création et non dans l'affrontement. Seule l'invention du nouveau échappe au système.

Ceux qui réclament une action globale croient à un niveau autonome de la globalité sur lequel on pourrait agir. Quand on les questionne sur celui-ci, ils nomment des institutions ou des groupes de pouvoir, qui ne sont jamais des niveaux différents mais des éléments de la société. La globalité existe mais uniquement dans le local. Le défi de notre époque est une action restreinte qui est centrée sur le processus.

RENVOIS : ACTION RESTREINTE, AFFRONTEMENT, CAPITALISME, CONNAISSANCE, DEVENIR MINORITAIRE

H

HANDICAP

L'Occident a voulu évacuer le corps. Le seul qu'il tolère est un corps non corporel, un corps maîtrisé, performant, celui de l'athlète ou du top model. Celui-là, elle le montre même en exemple tant il exprime le triomphe de l'esprit sur la matière. Le corps acceptable est le corps qui n'évoque pas sa corporéité, sa fragilité fondamentale, sa chair. Dès lors, le handicap, la vieillesse, la déchéance sont rejetés comme les lieux où le corps a gagné, où il s'est rendu présent par sa dégradation. Le corps handicapé n'est plus transparent comme le souhaite la norme sociale, il dérange. Le corps handicapé est une gifle pour le narcissisme occidental, il doit se taire, ne pas avoir de désir, de sexe. Le handicapé est le barbare de notre société, on le tolère mais dans une répression totale. On régit la façon dont il fait l'amour, dont il mange, dont il parle.

Les pratiques de scarification, piercing ou tatouage sont des tentatives malheureuses et vaines pour trouver une inscription, un rituel de passage. Ces jeunes essaient de revendiquer une opacité corporelle qui est une sorte de rébellion contre la société disciplinaire et panoptique. Le regard est obligé de s'arrêter sur eux alors qu'il glisse sur le corps normal ou le corps modèle. Mais notre société fait preuve d'une énorme capacité de récupération. Toute tendance subversive est aussitôt esthétisée, les grands couturiers ont même tenté de reprendre « l'esthétique » des SDF. Le langage que les jeunes voudraient opaque finit lui aussi par être assimilé. Au bout du compte, seul le corps handicapé résiste à cette machine panoptique, qui peut le maltraiter mais en aucun cas le digérer.

RENVOIS : CORPS, DISCIPLINE

HISTOIRE

Dans notre vision de l'histoire, la totalité n'est pas un point qu'il nous faudrait atteindre dans un futur linéaire mais ce que nous rencontrons à chaque moment. Voilà une révolution pour la pensée occidentale : la totalité n'est plus à penser dans l'attente d'un temps à venir mais dans toutes nos situations.

Soutenir que le tout est dans la partie ne trouble personne. La vie est dans chaque être vivant, la couleur rouge dans chaque objet rouge. Cela devient plus compliqué de penser que la libération de la Palestine, le jour J, ne peut pas justifier l'horreur actuelle. L'hypothèse que j'avance exige pourtant cela. Si nos actes peuvent s'agencer pour renverser le rapport de forces, nous ne pouvons jamais fixer ce moment-là comme seul objectif. Nous nous trompons sinon doublement, nous écrasons deux pans de l'histoire : le présent, qui ne devient qu'un moyen vers une fin, et toute l'histoire qui se déroulera après ce jour J. Ce moment dont on aura fait un but n'est en fait qu'un début. Après le renversement du rapport de force au profit des Palestiniens, que se passera-t-il ? Nous savons que cette histoire est loin d'être prévisible. Dans les territoires administrés, on a vu la corruption se développer très rapidement. La vie continue. Si nous croyons à un moment stratégique, nous nions le présent et l'avenir.

Ce que j'avance là constitue un pari anthropologique : la totalité n'existe que située. Elle n'ignore pas pour autant les autres situations. Mais la radicalité tient à cette proposition : la seule totalité qui nous soit accessible sans sombrer dans l'imaginaire est celle qui est en jeu dans notre situation. Il n'y a pas de moment final. Le jour où l'ANC accède au gouvernement est un sacré jour. Ce jour-là néanmoins ne résume pas la lutte, n'est pas une fin qui condamne le présent et l'avenir. L'éphémère est synonyme de fragilité, et non-éphémère, d'imaginaire et d'impuissance.

Nous ne pouvons penser la longue durée qu'à partir d'un processus en devenir permanent dans la situation présente. Elle implique que chaque moment vécu dans son horizontalité est surdéterminé par la verticalité de son soubassement. La technique nous fait croire à l'institution d'un régime de pure horizontalité, et ses résultantes tout à fait inopinées nous prouvent le contraire. Le présent est la seule possibilité d'assumer la longue durée, il en est une résultante dynamique et un changement permanent. Ce que les sagesses orientales appellent le karma est l'expression de la longue durée dans l'horizontalité de nos vies. Il signifie : « Je n'ai pas de contrat à passer avec la nature, je fais partie du paysage. » Le karma exprime cette connaissance de ma profonde appartenance à la longue durée. Une pensée de l'histoire n'est possible que dans cette radicalité : le tout n'existe que dans chaque situation. Le nier nous condamne à faire l'histoire des têtes couronnées. Dans *La Révolution française* de Michelet, la scène de la prise de la Bastille met en avant le courage d'un homme qui saisit un canon. Ce courage est celui du paysage. Cet homme n'est pas pensable dans une autre situation. La pensée de la totalité en devenir permanent, la pensée de la longue durée fonde tout travail historique.

RENVOIS : MULTIPLICITÉ, PROTAGONISME, RÉSULTANTE, RÉVERSIBLE

HUMANISME

Lorsque Protagoras soutient que « l'homme est la mesure de toute chose », Socrate lui oppose la jurisprudence et le concret : « Quel homme ? » Pour soutenir cela, le sophiste a commis l'erreur fondamentale de séparer l'homme de l'existence. Faire d'un homme abstrait la mesure de toute chose permet les propositions les plus aberrantes : les animaux existent pour que l'homme les mange, les étoiles pour éclairer ses nuits, la lune pour… L'homme existe au sein d'un paysage en devenir et non comme une entité désincarnée. Il fait trop partie des choses pour en être la mesure extérieure. Nous avons aujourd'hui beaucoup de mal à enjamber la séparation entre nous et le paysage auquel nous appartenons.

L'humanisme a toujours été le soubassement de discours lénifiants, qui n'ont pas de traduction dans la pratique. Son rapport au réel est piégé. Il est obligé de sombrer dans la barbarie s'il impose son modèle d'homme unique, ou dans le sophisme s'il finit par préciser de quel homme il parle. L'humanisme désengage car il impose le point de vue de nulle part.

Pour suivre Althusser, il faut être antihumaniste théorique et humaniste pratique. L'antihumanisme est un mot trop provocateur, je préfère ne pas trop m'en servir. Reste que l'humanisme ne mène à rien, tout au plus à un « biénisme » stérile.

RENVOIS : CORPS, DROITS DE L'HOMME, PAYSAGE

I

IMAGINAIRE

L'imaginaire recouvre deux choses très différentes. La fonction ontologique nous donne accès à des dimensions différentes du réel et du symbolique. Elle est une sorte de machine à combler les trous, elle crée une continuité et donne une cohérence. L'imaginaire permet une pseudo-complétude que le symbolique et le réel ne nous donnent pas. Il est donc en premier lieu une dimension de l'être, il est nécessaire et permet la création d'autres possibles.

Mais il existe un autre imaginaire qui nous éloigne du réel et du symbolique. Il conquiert peu à peu la place des deux autres, il crée une langue désubstantialisée, qui n'obéit plus à aucune loi. Cet imaginaire-là nous condamne à un rôle de spectateur et à une vie d'impuissance. Il crée un immédiat saturé. Les militants incarnent souvent cela de manière caricaturale : ils mettent la langue et le réel au service des grands récits dans lesquels ils restent enfermés. Ils estompent le réel en le casant dans un discours idéologique préexistant. Quoi qu'il arrive, ce ne sera jamais un événement mais un simple fait qui viendra confirmer la ligne du récit.

Le danger de cet imaginaire est parfois plus subtil. Marx s'y fait prendre lorsqu'il écrit dans *Le capital* : « L'abeille confond par la perfection de ses cellules de cire l'habileté de plus d'un architecte, mais ce qui distingue dès l'abord le plus mauvais architecte de l'abeille la plus experte, c'est qu'il construit la cellule dans sa tête avant de la construire dans la ruche. » L'abeille existerait dans sa surdétermination à construire une ruche, à l'inverse de l'architecte. Mais existe-t-il un architecte sans la longue durée qui le surdétermine à faire ce qu'il fait ? L'imaginaire est une dimension de la longue durée et non un point de rupture. Marx cède ici à cette croyance idéologique : l'architecte imagine un pont et veut en construire un similaire à cette première image. Le moment où il imagine le pont ne peut se comprendre si on le coupe de toute longue durée et qu'on le conçoit comme un instant fondateur, en discontinuité avec tout ce qui l'a précédé. L'architecte fonctionne comme l'abeille. Nous ne nions pas la différence entre leur surdétermination mais nous voulons reconnaître l'unicité du processus. La décision est un moment de visibilité du processus qui provient de causes profondes et multiples. L'homme ne peut faire fi des surdéterminations, faire le vide autour de lui pour décider.

Leibniz refuse de penser le prédicat comme un accident du sujet, qui peut tout aussi bien être que n'être pas. L'imagination du pont et sa construction sont le prédicat inclus dans le sujet architecte. Depuis des milliers d'années, des choses se sont agencées pour créer ce moment. Pour suivre Leibniz, nous pourrions penser un monde dans lequel cet architecte ne construirait pas de pont, cela est possible mais non compossible : le sujet architecte n'existe pas extrait du paysage. Le moment, la forme du pont qu'il va imaginer sont surdéterminés. La surdétermination humaine est beaucoup plus complexe et multiple que celle de l'abeille. Beaucoup plus floue également : on ne sait pas à quel point l'homme est une partie du paysage, on ne sait pas jusqu'où va l'homme. La liberté de l'homme vient de l'approfondissement de la connaissance des surdéterminations, des tendances, des déviations. La liberté n'est pas un moment mais la possibilité de travailler.

Cette autoextraction du paysage que décrit Marx est un pur imaginaire illusoire, qui repose sur l'idée non moins trompeuse du libre arbitre. Les conséquences de cette croyance peuvent être terribles. L'homme occidental croit que ces accidents dépendent de sa volonté, de son imagination. Nous vivons aujourd'hui dans cette tromperie dangereuse. L'idéologie qui correspond à cette croyance fait des ravages. Si je crois que ma seule volonté détermine les prédicats qui viendront s'agencer à moi, je ne pense plus devoir déployer mon essence mais considère que tous ces prédicats ne sont que des accidents. Tous les possibles deviennent possibles, car ils sont tous accidentels. Il n'y a plus d'essence, c'est-à-dire de point de vue sur le monde, lié à un corps. Il n'y a donc plus de corps non plus, selon une ligne de détissage terrible. Pour Deleuze comme pour Leibniz, un corps délimite un espace et un temps déterminés, qui définissent une perspective concrète, un point de vue. Il y a un rapport entre la dénégation de tout corps comme délimitation du réel et ce sentiment de toute-puissance qui conduit à adopter le point de vue de nulle part. Nous nous comportons comme dans un film américain ou sur le podium de la Star Academy. Toute une génération est persuadée que tout est possible et sombre dans un imaginaire qui refuse toute épreuve de réalité : gagner de l'argent sans travailler beaucoup, sans faire de longues études.

RENVOIS : AGIR, CORPS, PAYSAGE

INDIVIDU

Toute personne est une multiplicité, la résultante d'un soubassement qui est en permanente actualisation. Cette multiplicité est beaucoup trop opaque pour notre société qui préfère identifier l'homme à son moi ou sa conscience. La psychologie du moi qui nous vient des Etats-Unis repose sur cette vision : on traite l'individu dans l'unique dimension d'un moi qu'il doit maîtriser. Concrètement, la différence est énorme. Face à des conduites d'échec par exemple, soit la psychologie du moi tente de redonner au capitaine les pouvoirs dans son navire, soit on considère des boucles autonomes qui ne répondent pas à une instance centrale. Identifier la personne à sa conscience revient à la prendre au mot. La vie des gens est très différente. Le moi et la conscience sont comme deux petits nains qui courent sans cesse derrière la résultante que nous sommes. Lorsqu'on prétend vouloir prendre une décision, on ne fait bien souvent qu'entériner un agencement déjà là depuis très longtemps.

Cette autoréférentialité de l'individu est en lien avec la souffrance de notre époque. Les personnes qui viennent me voir en analyse posent toujours cette même question : Pourquoi suis-je devenu cela et comment faire pour modifier le cours de mon existence ? Convaincus d'avoir agi dans le sens inverse, ils sont bouleversés de se rendre compte que le résultat n'est pas du tout celui qu'ils avaient envisagé. Ce qu'ils ignorent, c'est la résultante qu'ils sont en tant que personne, qui est toujours radicalement différente du soubassement et toujours en devenir. La conscience de soi, le moi ne pourront jamais représenter la personne dans sa globalité.

Il faut ici effectuer un petit détour par Leibniz pour préciser de quoi il s'agit. L'étendue est constituée d'unités de fonctionnement autonomes, les monades. La monade est une pure dynamique qui compte sur des parties extensives pour exister. Elle reflète l'étendue infinie mais est à la fois fermée sur elle-même. La composition de plusieurs monades crée un organisme, comme une société, une famille, un organisme physique. Première conséquence directe de cette définition : une personne conçue comme une résultante n'existe nulle part puisqu'elle ne s'identifie à aucun des éléments qui la constituent et qui, eux, ne sont pas dans le devenir : le moi, le diplôme, l'argent, l'image du corps par exemple. Lorsqu'un être humain choisit de s'identifier à un de ces éléments, il prend une partie minuscule de son être pour la totalité. L'autoréférence est ce mécanisme appauvrissant et aliénant.

La conscience et le moi sont les plus trompeurs car ils se présentent et sont perçus comme le tout. Le moi conscient est pourtant le dernier venu, le plus bancal des éléments, le plus éloigné du soi complexe et composé, le plus soumis à des aléas identificatoires aussi. Il barre en quelque sorte l'accès à la connaissance de soi.

« Connais-toi toi-même » ne signifie pas « accumule les savoirs sur toi ». Il s'agit d'une sorte d'ascèse même si ce mot est devenu très ambigu. Se connaître soi-même, c'est se reconnaître à travers ses propres fonctionnements : comment on entre en relation avec le monde, quelles tendances et quelles répétitions nous constituent. Peu à peu, cerner comment le monde existe en nous. Connaître par l'essence, c'est connaître par l'universel. De la question de la note de musique qui me fait vibrer, j'en viens à la question de la musique, de l'harmonie. Se concevoir comme une résultante nous conduit à un travail de plus en plus profond vers le soubassement. Tenter de dépasser les images identificatoires est une des tâches qui nous revient aujourd'hui.

Renvois : Amour, Connais-toi toi-même, Conscience, Devenir minoritaire, Époque, Mode, Résultante

INTELLECTUEL

S'il n'aspire pas au statut de belle âme, l'intellectuel est avant tout un travailleur intellectuel. Il travaille dans son domaine et ne parle pas de tout. Son rôle a malheureusement été perverti par cette fausse proposition : celui qui pense bien, pense le bien. Ce sophisme n'a aucun fondement réel, en dehors de la volonté de distinguer une élite.

L'artisan ne prétendra pas penser le bien parce qu'il construit bien son objet. Le peintre ne dira pas qu'il pense bien parce qu'il peint bien. Le tour de passe-passe qui fonde cette distinction a des racines anciennes. Il n'est pas sans rapport avec le cartésianisme élitaire occidental dans lequel la tête dirige le corps. En France, on est très habitué au principe d'autorité : lorsqu'un grand cancérologue se met à parler de tout autre chose, on l'écoute. Le DAL a connu la stratégie des deux formes de squats : le squat réel, occupé par des familles sans logement, le « squat vedette » où la présence d'une personnalité suffisait à faire venir toutes les caméras. Cette spécificité très française a ses dangers : au lieu de développer les réseaux de solidarité, nous étions tentés de nous occuper du raccourci communicationnel. Qui parle d'engagement doit se méfier de la communication.

Les intellectuels ont souvent fait croire à ce raccourci pour consolider des rapports de force. « Moi, artiste, professeur très connu, je suis aux côtés des sans-papiers. Et vous ? » On commence à comprendre le piège que cela constitue. Tout d'abord, il n'y a pas de raccourci possible en réalité. Deuxièmement, on hypothèque des positions à des gens qui pensaient bien leur activité mais qui ne savent rien de la situation dont ils sont censés parler.

Le travailleur intellectuel ne saurait être réactionnaire, ou progressiste d'ailleurs. Que signifie qu'un chercheur en neurophysiologie soit réactionnaire ? Il ne peut jamais l'être que par rapport à sa recherche. Les catégories réactionnaire/progressiste ne s'appliquent en fait qu'à un groupe d'« opinateurs » qui ne travaillent plus depuis bien longtemps. La place de l'intellectuel a été littéralement occupée par ces gens qui ne pensent rien de concret, qui naviguent dans l'abstraction permanente. Tout leur mépris et leurs espoirs résident dans un point de vue de nulle part, d'où ils dénoncent le réel. Ces catégories révèlent en revanche une tromperie très actuelle. Elles affirment la primauté de la militance et de la représentation. Les intellectuels sont jugés à l'aune d'une dimension qui serait la seule véritable, la dimension représentative politique. Les secrets d'alcôve ne sont au mieux que croustillants mais les engagements politiques des intellectuels font vérité. Le nazisme serait la vérité de Heidegger. La question est tout autre. Lorsque Heidegger s'attache à la politique, il ne pense pas la politique, il se laisse entraîner par ses pulsions. La question n'est pas de dire comme une vérité que Heidegger est un intellectuel nazi mais de voir à quel moment précis Heidegger cesse d'être un travailleur intellectuel et un très grand philosophe : lorsqu'il s'occupe de la politique.

L'objet du travailleur intellectuel peut être le fonctionnement de la société, la philosophie de l'action. Ses hypothèses de travail ne sont pourtant pas plus soumises à ces catégories de surface. Quand Fernand Braudel découvre la hiérarchie comme une invariante de l'histoire, quand Mircea Eliade décrit les castes comme consubstantielles à l'Inde, ils travaillent sur des hypothèses qui ne peuvent être réactionnaires.

L'engagement de l'intellectuel est de ne pas céder dans son travail. Lorsqu'on s'intéresse à la question du changement social, on se rend compte peu à peu qu'une société de justice n'existe pas, qu'il y a dans la soumission un noyau de jouissance… Face à toutes ces découvertes, l'intellectuel s'engage à ne pas avoir de réaction idéologique.

RENVOIS : ÉLITE, POLITIQUE

J

JUSTICE

Il faut différencier la justice des codes, qui s'applique aux transgressions, et la justice sociale comme objectif. Même dans les sociétés les plus stables, la justice des codes évolue sans cesse grâce à la jurisprudence. Nous sommes en train de passer de la société disciplinaire à la société de contrôle, du panoptique réservé à quelques-uns à la surveillance appliquée à tous. La résistance passe par des pratiques propres à créer de nouvelles jurisprudences. Que des sans-papiers occupent un immeuble fait entrer peu à peu dans le champ du légal ce que nous considérons comme légitime. L'action est concrète, elle ne prétend pas de façon abstraite que, partout dans le monde, les hommes doivent avoir un toit. Mais que ces familles-là, dans cette ville, aient un toit. Les sans-papiers sont descendus dans la rue pour la première fois il y a environ dix ans. Leur manifestation était alors quelque chose d'inouï. Ceux qu'on disait cachés, pourchassés par la police, au mieux défendus par quelques avocats gauchistes, ceux-là mêmes étaient dans la rue avec des revendications concrètes. Depuis, une grande partie de la population considère leur présence comme légitime et, peu à peu, cette légitimité gagne des points de jurisprudence. La justice avance au cas par cas. Un juge dira qu'on ne peut pas reconduire les enfants, un autre qu'il est impossible de les séparer de leur mère, un troisième qu'il ne faut pas les priver des ressources du père… Tous ces juges ne modifient pas les lois sur l'immigration mais se servent d'une législation parfois très éloignée pour faire avancer la jurisprudence. Petit à petit, l'accumulation quantitative de ces jurisprudences compte. La justice se construit ainsi, dans des situations très concrètes qui résistent au rouleau compresseur du pouvoir. En Argentine, après l'insurrection, des centaines d'ouvriers se sont opposés à la vente des machines de leurs usines. Du temps de la dictature, ils auraient été immédiatement fusillés, mais le pouvoir démocratique devait se montrer très attentif au peuple qui avait déjà renversé trois gouvernements. Les juges ont permis que ces gens fassent leur expérience et que la légalité avance peu à peu, en suivant les pratiques légitimes. Les moments de rupture, les révolutions proviennent d'une étroitesse du champ de la légalité par rapport au champ du légitime, la vie déborde. Une grande secousse devient nécessaire pour que les deux champs se correspondent davantage. Si la révolution est artificielle, elle ne conduit qu'à un retour en arrière. Souvent elle rééquilibre un peu les cadres de la légalité et de la légitimité.

Dans une ferme en autogestion, en Amérique latine, je fus témoin d'une crise grave. Un des référents principaux, qui dirigeait cette ferme depuis des années, fut reconnu comme pédophile. La situation ne pouvait plus durer : des familles entières fuyaient ailleurs, la majorité des autres préféraient ne pas voir cette triste réalité. Ce lieu alternatif devenait une cachette pour l'inacceptable. Il fallait donc inventer une justice, une sanction. L'idée du bannissement émergea peu à peu comme la solution. Cet homme n'était pas violent mais la communauté devait être informée et se protéger. On lui donna une terre et une maison hors de la ferme. Il n'avait pas le droit de circuler dans les territoires sans autorisation préalable mais pouvait recevoir des visites. Cette crise sociale fut l'occasion d'une véritable expérience philosophique et éthique. Nous étions hors de la langue dominante, dans l'obligation de trouver une nouvelle substance pour les mots de la justice. Que signifiait la peine, le bannissement, la protection, la morale ? Dans la situation, tous ces mots eurent tout à coup une référence très directe, très concrète.

La justice comme abstraction est nulle. La société juste n'existe pas comme un point à atteindre. Toute pensée de la justice comme discontinuité est ontologiquement condamnée. Les grands bouleversements adviennent par un déséquilibre entre légalité et légitimité et non dans une rupture avec ce qui les précède. En outre, la justice n'existe jamais sans son ombre, l'injustice. Toute société comporte les deux, l'important est le devenir de chacune. La justice est du côté de l'affirmation de la vie qui résiste à son écrasement, du développement de la pensée. Sa portée universelle vient de l'acte lui-même et non de son inscription dans un universel abstrait. Une fille qui, dans un pays machiste, revendique le droit de faire l'amour avec qui elle veut énonce un autre possible. Même si elle en meurt, elle crée une jurisprudence non écrite qui participera au soubassement très étendu de la jurisprudence peut-être écrite plus tard. La révolte commence toujours par un bruit, un dysfonctionnement qu'on tente de marginaliser, jusqu'à ce qu'il renverse le système entier. On a d'abord accusé les femmes d'être hystériques avant que leur révolte s'écrive dans la jurisprudence. Aujourd'hui, il est impossible de taxer de pathologique le désir d'exister d'une femme. La justice s'autoaffirme et modifie le monde. Elle vient toujours d'un plus, d'un autre possible. Il est faux de penser qu'il faut forcément être pauvre et opprimé pour se révolter, la révolte naît toujours d'une richesse. Tout acte de résistance est un acte de création.

En marge de la justice rendue dans des tribunaux, il existe une injustice faite à des gens ou à des peuples entiers. L'injustice tient alors à la certitude que les choses pourraient être différentes. Lorsque j'étais enfant, j'étais gardé par une femme indienne qui me racontait des histoires qui m'ont profondément marqué. Cette richesse que j'avais en moi m'empêchait d'accepter la discrimination envers les populations indiennes. La justice sociale était l'affirmation d'une certitude que je détenais. Les certitudes évoluent. Je commence par me dire : je ne vois pas pourquoi je n'écouterais pas cette

Indienne puisque j'ai le souvenir d'un échange très riche, puis je me rends compte qu'elle vient d'un bidonville où elle vit dans la plus grande misère... Le commun se développe à partir d'une première expérience commune. L'injustice n'existe pas en soi mais par rapport à un autre possible. Un machiste peut par amour d'une femme expérimenter un échange intellectuel et spirituel. S'il reste fidèle à cette expérience, il sera choqué des propos qu'il pouvait tenir hier, non pas parce qu'il sera devenu plus intelligent mais parce qu'il aura en lui un souvenir heureux de partage.

Nous vivons une grave crise de la justice. La réduction du légitime au légal est très dangereuse pour la démocratie, qui vit sur des actes de jurisprudence. Notre société développe tellement la séparation que des actes de justice et des expériences plus puissantes deviennent de plus en plus rares, faute de temps, d'occasion, de liens. La justice n'est plus brandie que comme une justification abstraite. Les Américains font la guerre du « bien » contre le « mal », l'abstraction est si grossière qu'elle efface même le fait qu'on attaque un pays indépendant pour une cause mensongère. Le conflit israélo-palestinien plonge dans l'abstraction malgré la réalité des souffrances concrètes. La télévision nous montre les deux camps mais jamais les expériences de jurisprudence concrète, les expériences de vivre ensemble, très suspectes car elles ne répondent pas à un modèle. Sous couvert de complexité, nous pensons en termes de bien et de mal.

La justice n'est jamais un idéal, elle n'existe que dans des pratiques d'autoaffirmation.

RENVOIS : COMMUN, DROITS DE L'HOMME, POSSIBLE, SURVEILLANCE

L

LAÏCITÉ

La laïcité est devenue une croyance trompeuse. Lorsque j'étais enfant en Argentine, l'école laïque, dans son combat contre l'école libre, était celle où l'on étudiait davantage, on s'amusait mieux, on avait plus d'accès aux différentes cultures… Le mot laïcité était fort de toute cette richesse. Il correspondait à un devenir plus puissant, à une émancipation. Nous sommes en train de vider ce mot de tout contenu car on ne veut plus le mettre en rapport avec des pratiques mais l'énoncer depuis le pouvoir. La laïcité dite depuis le pouvoir ne nourrit que des discussions d'étiquettes sans intérêt et des croyances dogmatiques. La situation actuelle est d'autant plus affligeante que nous avons déjà connu cette expérience. Lorsque j'ai commencé à militer en Argentine, je savais que je ne pouvais plus utiliser le mot communisme, même si notre action correspondait à cette idée. Depuis la Chine de Mao, l'URSS de Staline, comment se dire « communiste » ? Le communisme, dit depuis le pouvoir ou un parti, avait effacé le concept premier d'un mouvement d'émancipation. Nous allons au-devant de la même aberration avec la laïcité : nous ne pourrons bientôt plus utiliser ce mot tellement il aura été vidé de son sens.

La question du voile est celle de l'école de la République : comment en faire un lieu d'échanges, de sens ? Il semble presque ridicule de recourir à la loi. Une société d'émancipation de la femme apparaît tellement plus puissante et plus désirable que celle qui pose des entraves au corps et complique tous les rapports entre les hommes et les femmes. Comment pouvons-nous être aussi peu sûrs de nos valeurs pour ne pas croire qu'elles l'emporteront ?

Nous sommes dans un moment compliqué et obscur. Ce ne sont pas des mots imposés depuis le pouvoir qui nous feront sortir de la confusion. Nous n'en sommes pas à déterminer deux clans qui vont s'affronter et je refuse d'être du côté des donneurs de leçons ès laïcité.

RENVOIS : ÉDUCATION, ÉPOQUE

LIBERTÉ

La spiritualité à la mode reprend une idée dont la psychanalyse peut être facilement porteuse : je suis libre dans les chaînes comme sur le trône. Nous voudrions nous éloigner de cet héritage stoïcien mal compris.

Dans la prison, le défi de liberté ne passe certes pas forcément par l'évasion. Il ne s'agit pas pour autant de faire l'apologie d'un engagement esthétisant, qui ne ferait aucun lien entre la liberté et la lutte. La question n'est jamais : suis-je libre ? La pensée de la détermination et de la longue durée ne nous permet pas de maintenir l'individu à cette place. Dans notre dispositif philosophique, personne n'est libre car la personne n'est pas une instance assez importante pour que cette question se pose. Nous pouvons penser la question de la liberté non en la rattachant à l'individu mais en termes de situation qui se développent ou s'appauvrissent.

Une seule interrogation demeure : suis-je un facteur de libération et d'émancipation ? Un homme qui se montre solidaire, qui partage avec son compagnon de cellule, est dans un devenir de liberté. Celui qui naît dans une famille au pouvoir et tente de ne pas aller vers la barbarie est lui aussi dans un devenir de liberté. Un homme qui crée un rapport de solidarité est beaucoup plus puissant que celui qui frappe l'autre. La question de la liberté ne s'adresse jamais à la personne. Être dans un devenir de libération signifie être dans un développement de la puissance. Les gens sont plus ou moins puissants selon leurs engagements dans des devenirs d'émancipation.

Renvois : Agir, Choix

LIENS

Il faut aujourd'hui se montrer fort en toutes circonstances. Notre société ne voit dans les liens qu'un symptôme de faiblesse. Si quelqu'un choisit de faire du théâtre solidaire, on pensera tout de suite qu'il est incapable d'intégrer le théâtre officiel. L'idéal nihiliste actuel est une personne qui a assez de force pour être seule et vivre dans le confort. Tous ceux qui ont besoin des autres vivent cela comme un échec.

Les liens structurent pourtant l'existence des hommes et des sociétés. Notre intériorité est tissée des liens avec nous-mêmes qui sont les conditions de possibilité des liens avec les autres. S'attaquer aux liens sociaux revient toujours à s'attaquer aux liens intrinsèques de chaque personne.

Une vision positive des liens n'existe plus que dans la morale abstraite du prêtre ou de l'homme politique. Nous devons leur redonner un sens différent. Entre les liens moraux et les liens de l'échec, il nous faut retrouver ceux qui fondent l'engagement. À côté de l'idéologie de l'autonomie, nous voulons penser des liens solidaires de création.

RENVOIS : AMOUR, INDIVIDU

LONGUE DURÉE

Notre société voudrait croire que la technique nous permet de tout modifier, y compris des agencements très anciens. Le concept de longue durée s'oppose radicalement à cette illusion. L'idée fut développée en premier par l'historien Fernand Braudel. Chaque moment historique ne représente pas une coupure mais naît d'une surdétermination très ancienne. Il est en quelque sorte « préparé » depuis la nuit des temps. Notre époque a voulu croire à la toute-puissance de la technique. Celle-ci allait fournir à l'homme confort et protection, rendre possible ce qui était souhaitable. Le résultat est beaucoup moins univoque. En introduisant de nouveaux possibles, la technique a dupliqué les rapports de force. Le portable est effectivement un progrès et un instrument de lutte mais aussi un outil de surveillance.

La notion de longue durée nous invite à une tout autre vision. Toute la pensée de l'émancipation est restée prisonnière de l'idée d'en finir une fois pour toutes avec l'insupportable. Si l'on part de l'hypothèse qu'il existe au contraire des invariants historiques, comme la guerre, l'injustice, l'oppression des femmes, la question change radicalement. L'oppression des femmes est une réalité sous-jacente qui structure les situations. Les différents progrès, la pilule, l'éducation, sont des éléments qui empêchent cet invariant d'être dominant. Lutter pour que cet invariant ne soit qu'une composante mineure de la situation n'implique pas de céder à la croyance qu'il pourrait disparaître tout à fait. Les progrès sont toujours les agencements mouvants des pratiques de liberté avec ces invariants.

Le corollaire de cela est fondamental pour la pensée de l'engagement : cet invariant qui est une manifestation de la longue durée peut toujours réémerger si la lutte est moins vive. L'oppression des femmes peut refaire surface dans une époque où l'amitié et la solidarité entre les sexes ne sont plus expérimentées. L'engagement n'est jamais une simple défense des acquis. Aucune époque ne résout les problèmes une fois pour toutes. L'exigence à laquelle nous devons répondre se formule ainsi : comment dans ma situation inventer des pratiques d'émancipation qui puissent marginaliser l'oppression ? L'engagement commence avec la reconnaissance de notre fragilité fondamentale et du caractère éphémère de tout phénomène humain. On ne lutte jamais une fois pour toutes. L'action est une exigence permanente, elle peut créer des irréversibles mais n'en finit jamais avec l'éphémère.

RENVOIS : ENGAGEMENT, FRAGILITÉ, IMAGINAIRE, RÉVERSIBLE

LUCIDITÉ

Ce mot est devenu emblématique de l'idéologie dominante. Les gens se considèrent comme lucides par rapport au passé, ils ne seraient plus dupes. Cette manière de s'extraire de son histoire et de sa situation pour se déclarer lucide est tout simplement un leurre. La lucidité n'est jamais une séparation qui nous permettrait de voir la réalité. Celle-ci n'est pas quelque chose que l'on dévoile mais le tissage permanent d'un voile commun.

Comme le démontre Jean Petito, le système reste toujours opaque pour ceux qui y participent. La lucidité est une idée narcissique et illusoire. Notre défi consiste précisément à agir localement sans prétendre avoir une vision globale. À partir du constat que le système est obscur pour ses agents, Jean Petito conclut le caractère indépassable du capitalisme. Le même raisonnement nous conduit à un résultat inverse. Le désir de dépassement du système est réel, même s'il est coupé de l'illusion de pouvoir le cerner clairement dans sa globalité.

Abélard fut en son temps accusé de vouloir voir la réalité sans voile, ce qui signifiait alors sans dogme. La lucidité actuelle se range tout au contraire du côté d'un nouveau dogme, dicté par les lois du marché. Tous ces lucides post-modernes sont archidupes de l'idéologie économiste actuelle.

RENVOIS : COMPLEXITÉ, GLOBALITÉ

M

MANIFESTATION

La manifestation est un mode de contestation qui n'existe pas partout, mais plutôt en Occident. Les corps sortent, circulent, se côtoient. La manifestation est un grand rituel de notre société désacralisée qu'il ne faut pas réduire à son efficacité linéaire. Au-delà de tout mot d'ordre, elle répond à l'imaginaire du lien : nous sommes dans la rue, nous ne nous contentons pas d'avoir des opinions, nous marchons.

Sa configuration est riche en significations. Dans le carré de tête, on trouve la jet-set de la contestation, à l'arrière ceux qui luttent. Les intellectuels sont rarement dans un cortège. Les manifestations de l'extrême droite sont des défilés, des corps disciplinés. La manifestation pour l'école libre sous Mitterrand était une procession.

La manifestation est une drôle de chose. C'est un acte d'émotion, de retissage du social. Elle exprime la reconnaissance d'un commun qui nous déborde.

RENVOIS : CORPS, LIENS

MARGE

La marge désigne tout d'abord ceux qui la subissent, qui ne se montrent pas, ceux qu'on pousse à avoir honte d'exister tels qu'ils sont. Dans la contestation immature des jeunes de banlieue, il existe ce sentiment très fort de ne pas être comme il faut. Aujourd'hui, en France, des centaines de milliers de gens ont honte de ne pas coller au modèle dominant.

Elle est aussi pour moi le moteur de la société, la puissance liée à la frontière, à la non-saturation. Celui qui peint sera toujours à la limite des critères des galeristes. Ce n'est pas l'apologie du génie incompris que je souhaite faire ici mais un simple constat. Les penseurs comme Jean Petito et Henri Atlan sont des marginaux parce qu'ils travaillent, produisent. Ce sont des résistants. Jean Petito prend des risques à chaque livre, chaque séminaire. Varela a en permanence mis en danger ce qu'il produisait, il a refusé le cognitivisme positiviste, le vitalisme. Ces penseurs se situent dans un lieu d'inconsistance qui est le lieu de création de la science. Ils donnent des cours dans des endroits prestigieux mais restent peu célèbres. Pour moi, le lieu de production de la philosophie comme de l'art, de la science comme du lien social, est la marge. La frontière est cette frange d'inconsistance qui permet le déploiement d'autres possibles.

La résistance comprend l'action politique et non l'inverse. L'autoaffirmation de la vie s'exprime sous des modes différents mais jamais solitaires. La multiplicité est inhérente à la radicalité. Je ne travaille jamais seul mais en relation avec des personnes référentes, des textes. Que ces hypothèses soient soutenues par des hommes ou des livres, la multiplicité est permanente. Je ne pourrais pas énoncer un mot sans affronter cette multiplicité. La solitude est l'illusion de celui qui tourne le dos à la création, au désir, et va vers ses envies. Elle nous isole artificiellement, elle n'existe pas mais a des conséquences terribles, la diminution de notre puissance.

Pourquoi ne pouvons-nous pas créer du lien ? Si, seul, je me pose cette question, je peux trouver des réponses fantastiques. Si je me confronte à des actions, à des réunions, l'idée même de fédérer les contestataires m'apparaît comme une chimère. Le réel vient casser mon raisonnement théorique et m'apporte une multitude de questions. Je ne peux pas éviter la parole de l'autre même si elle me semble erronée. Je dois me poser au moins deux questions : depuis quel point de vue je la juge ainsi ? Qu'est-ce qu'exprime celui qui m'apparaît ainsi ? J'évite ces questions si je me désengage dans une radicalité esthétisante. Mais si je rencontre des milliers de personnes qui luttent, qui font avancer la société et proclament ces énoncés qui me semblent erronés, je ne peux pas refuser ces questions.

RENVOIS : ACTION RESTREINTE, DEVENIR MINORITAIRE, PHILOSOPHIE, RADICALITÉ

MILITANT

Il est une tendance très forte chez les militants : rejeter la réalité et se réfugier dans des références sacrées. Cette inclination pour la téléologie se formule souvent de façon plus triviale : « Cela se passe ailleurs. » L'ailleurs est tantôt chronologique, tantôt topologique. Je travaille actuellement à la création d'un réseau avec les « no vox » et « Le passant ordinaire ». No vox est un réseau à géométrie variable qui réunit les « sans » en France et en Amérique du Sud (les sans-papiers, les chômeurs, les sans-toit, des associations de handicapés, les sans-terre…). Notre réflexion est guidée par cette exigence : entrer en relation, potentialiser les expériences et les théories sans créer cette illusion de l'ailleurs. En tant qu'immigré, j'incarne en quelque sorte cet ailleurs et cela me donne un avantage non négligeable. Je deviens en revanche tout à fait inaudible lorsque je soutiens qu'en Amérique du Sud, cela se passe comme ici. Lors d'une réunion, un militant me fit part de son projet de film sur le troc en Argentine. Je lui expliquai alors l'histoire malheureuse de cette expérience. Avant l'insurrection, le troc existait de façon circonscrite, il concernait environ un million de personnes, et des secteurs de production divers qui tenaient une double comptabilité et utilisaient des bons d'échange. Le troc créait ainsi une sorte de précapitalisme, de mercantilisme selon le schéma marchandise-argent-marchandise. Au moment de l'insurrection, des millions de personnes se sont mises à l'utiliser, les falsifications et vols en tout genre se sont multipliés. Le troc généralisé fut un échec. Il eut vite mauvaise presse et diminua jusqu'à ne plus représenter qu'une minorité d'échanges. Ce projet de développement fonctionnait bien lorsqu'il était quantitativement restreint et s'articulait à l'économie monétaire officielle, mais il n'était plus viable à grande échelle. Cette expérience politique fort intéressante mit en évidence la différence entre un projet et un modèle. Le projet ne nous a pas conduits à un désastre économique irréversible car il disparut dès les premiers signes d'échec, dans une réactivité totale, à l'inverse d'un modèle sclérosé. Le gouvernement s'en est tenu à un rôle de gestion et d'accompagnement démocratique. Le militant qui voyait l'Argentine comme un lieu idéalisé était fort fâché de ce discours réaliste. Il voulait croire que dans ce pays on avait dépassé le capitalisme, on troquait sans arrière-pensée. L'autorégulation que je mettais en valeur lui semblait une apologie du néolibéralisme alors qu'elle tenait à la vie, au devenir. Elle permettait de penser cette question centrale pour la militance aujourd'hui : comment fonctionner sans modèle et sans programme mais avec des projets ? Les gens qui ont expérimenté le troc ont développé des expériences de vie. La langue du troc ne manquait pas de substance car elle était liée au développement de la vie.

Le militant veut croire et se sépare systématiquement de l'homme de la rue. Il ne voit que l'épiphanie de son modèle. Il entretient sa distance au réel, à sa complexité. Il décide d'ordonner sa vie à une dimension principale qui subsumerait toutes les autres : l'engagement politique. La résultante que nous sommes ne fonctionne pas ainsi, chacun de nous est constitué d'une infinité de choses, dont nos expériences politiques.

L'engagement militant exige un énoncé dogmatique. Les artistes dérangent souvent car leur création n'obéit pas à ce serment de ralliement immédiat. Il y a une tendance non dogmatique, non immédiatement politique dans le fait de produire des choses. Nous ne pouvons plus penser l'engagement en faisant l'impasse sur le réel. Celui qui souhaite le bien n'est plus une figure suffisante.

RENVOIS : ENGAGEMENT, POLITIQUE

MODE

Nous sommes forcément interpellés par les dangers de la pollution, les risques de destruction de la planète… qui nous renvoient vaguement à notre appartenance à une substance. Le discours de la substance, de l'appartenance, connaît un grand retour : islamisme, mysticisme, sectarisme… y renvoient tous très fortement. Tous ces courants servent cette réponse idéologique toute prête, l'appartenance à un tout. Selon elle, notre vie est scindée en deux. D'un côté, la vie quotidienne et, de l'autre, par chance, cette appartenance. La justice sociale est abordée dans la même dichotomie : je continue à profiter du système mais j'adhère à une association, ou je fais le souhait d'une plus grande justice et cela tient lieu d'engagement. Le New Age américain poussa cela jusqu'à la caricature : on pouvait se comporter comme un loup à Wall Street, tout en vantant son vécu intérieur transcendantal. Nous nous promenons ainsi entre l'accident et le tout, sans jamais faire l'expérience du monde. L'appartenance au tout devient une manière de canaliser toute critique, un supplément d'âme sans conséquence.

Il y a une différence radicale que notre époque a du mal à comprendre : celle des accidents et des modes. L'accident est du côté de l'individu : il joue bien au tennis, a de l'argent, a fait certaines rencontres ou pas… Une réflexion de Yang Tsé souligne ce qui le distingue du mode : « Si tu vois un sage en haillons et tout maigre, tu te dis : mauvaise époque pour les sages ; si tu le vois gros et entouré, tu te dis : bonne époque pour les sages. » Les accidents, les habits varient mais n'enlèvent rien au mode, être sage. Le gros souci de notre époque tient en ceci : si l'on s'arrête à l'accident, on ne parvient jamais à l'universel. Si je m'identifie au moi, je me barre l'accès au véritable « connais-toi toi-même » et reste au niveau de l'accident. C'est malheureusement le cas de quatre-vingt-dix pour cent des psychanalyses aujourd'hui. Lorsque l'analyste tente de faire passer le patient de l'accident au mode, la plupart du temps, il refuse et en reste à ce que Deleuze appelait un peu méchamment « les sales petits secrets ». La musique peut être un mode ou un accident. La différence ne tient pas alors à sa qualité. On peut jouer très mal et être intéressé par la musique, le son. À l'inverse, on peut jouer de façon géniale et n'être occupé qu'à être le meilleur. Lors d'une analyse, on peut découvrir dans le soubassement de celui qui est ému par la musique le fait que sa mère écoutait Bach. Mais la résultante qu'il est et qui le rend proche de la musique demeure radicalement différente de cet élément.

La souffrance contemporaine se tient là, dans cette scission déchirante entre le tout et l'accident, entre cette appartenance abstraite et le quotidien. Notre époque est en manque du mode, ce qui fait que je m'expérimente comme une partie du paysage. Celui-ci n'est pas mystique comme cette appartenance frelatée au grand tout. Il tient à cette expérience très concrète que nous ne sommes pas maîtres à bord. Une jeune femme qui venait d'arrêter de fumer me posait cette question naïve : « Médicalement, quand saurai-je si je suis tirée d'affaire ? » Je lui expliquai qu'il faudrait attendre dix ans pour être certain que le cancer ne se développerait pas dans cette région. Devant sa déception, je me suis rendu compte à quel point elle pensait que sa « décision » d'arrêter de fumer allait influer quasi immédiatement sur son corps. Ces cellules n'avaient malheureusement rien à faire de sa décision narcissique. Nous sommes en permanence « débordés » dans nos décisions.

Dino Buzzati a mis en scène ce face-à-face occidental entre l'accident et le tout dans *Le désert des Tartares*. D'un côté, le fort et ces officiers dont les rapports sont codés à outrance, de l'autre, les Tartares dont ils attendent la venue. Dino Buzzati dépouille l'accident de tout ce qui fait illusion, les relations entre les hommes ne sont que communication. Lorsque les Tartares arrivent enfin, le lieutenant vient de recevoir la relève et est sur le chemin du retour. De la substance, il n'aura que la mort. Il croise un jeune officier à qui il va reprocher son salut trop effusif, comme on le lui avait reproché à son arrivée au fort. Rien n'a changé, la vie a passé. Il est à la place de l'autre et le rôle est surdéterminé. Buzzati n'a raison qu'à moitié. La vie au niveau de l'accident est bien celle-là, un mélange de communication et de solitude. Mais l'alternative n'est pas la substance, qu'elle soit l'ascèse joyeuse d'un mystique ou la mort de cet officier. L'accident est sans cesse débordé par le mode qui est le tout dans la partie. L'être est continu et quotidien.

RENVOIS : CONNAIS-TOI TOI-MÊME, CORPS, ÉDUCATION, EXISTENCE, GLOBALITÉ, INDIVIDU

MOTS

Au début du XXe siècle, le tournant linguistique voulait que les mots soient les outils uniques de distinction. Il n'y avait de structure que linguistique. Seule la dimension symbolique nous faisait sortir du magma. À attendre des mots cette structuration hors de toute expérience, les linguistes les ont désubstantialisés. Les distinctions, les saillances qui font le monde sont l'œuvre de tous les mécanismes de perception et d'aperception, c'est-à-dire de notre être au monde. La dimension symbolique en est une composante très importante mais jamais unique. L'engagement ne peut pas être compris sans cela. Deux mots ne font pas deux choses. Souvent des situations manquent de mots.

L'expérience du monde est faite d'une série de points de réel sans nom. Les images qui se constituent dans chaque corps vivant et font monde ne sont pas que visuelles ou symboliques, elles sont tout autant olfactives, auditives, tactiles… Le rapport de ma constitution intérieure avec les autres objets ne se réduit pas à la dimension symbolique. Toutes ces saillances que je perçois ne sont pas distinctes grâce aux mots.

La grande erreur occidentale consiste à extraire cette dimension du monde dont elle parle. La conscience d'être dans un monde marque pour elle une séparation totale. L'idéalisme pose cette rupture, les mots sont un au-delà du paysage. À l'opposé, la tendance matérialiste nie tout niveau d'émergence, et fait de la pensée un simple reflet de la matière. Notre position est une phénoménologie radicale : le niveau symbolique appartient au paysage même si ses effets sont énormes. La séparation existe mais au sein du paysage. Nous ne pouvons penser que dans les limites de l'être, toute pensée est coextensive à l'être.

Seule cette voie médiane peut fonder notre action. Un niveau d'émergence tient à l'apparition dans un système d'un nouveau fonctionnement avec sa syntaxe, son autonomie ontologique : il n'est pas besoin d'un ailleurs pour comprendre ce qui se passe dedans. Mais cette syntaxe propre reste interdépendante du soubassement dont elle est une forme. L'émergence est toujours un nouveau mode de fonctionnement dans le soubassement. Je sculpte une forme dans la pâte à modeler. Aucune autre substance n'émerge. Le *David* de Michel-Ange a une syntaxe propre. La sculpture émerge mais elle reste en pierre.

Nous sommes plongés dans le monde. Comme le montre Joëlle Proust, il existe une pensée immergée sans conscience de ce que nous sommes. Un chien a une pensée de résolution des problèmes mais ne sait pas qu'il est dans un monde. La dimension symbolique est très importante mais elle est elle-même immergée.

RENVOIS : CONSCIENCE, ÉPOQUE

MULTIPLICITÉ

Une véritable pensée de la multiplicité ne consiste pas à imaginer plusieurs situations coordonnées en vue d'un objectif final. Certains objectifs sont indiscutables. Par exemple, il faut aujourd'hui, non pas seulement sauver la Sécurité sociale mais l'étendre encore plus, augmenter l'apport patronal de façon significative. Mais vouloir atteindre ce but en se plaçant à l'extérieur de la situation conduit à l'impuissance. L'engagement passe par le développement de luttes concrètes et ne peut jamais viser directement un objectif global et abstrait. Nous devons toujours cerner l'enjeu à l'intérieur de nos situations. Le recul du sionisme passe par le développement de pratiques anti-impérialistes dans le monde entier. Je discutais avec la responsable des missions de paix en Palestine. Elle ne comprenait pas que je puisse m'opposer à sa pensée globale : quinze millions de personnes sont sorties dans la rue, il faut créer un front mondial contre l'impérialisme. Elle acceptait l'idée d'un agir et d'une pensée locale, mais continuait de croire à une résistance globale. L'idée du jour J revient sans cesse. Dans nos vies sociales, deux ou trois jours J comptent vraiment et le reste est absorbé par l'attente et la gestion du quotidien. La pensée locale ne nie pas la lutte, la Palestine existe comme problématique dans la situation française. Je peux envisager ce conflit comme quelque chose qui me concerne. Toute situation est liée à d'autres. Mais on ne peut pas s'engager en pensant que cela se passe ailleurs, en fonction d'un jour J éloigné dans le temps et l'espace.

Le jour J est un déficit énorme pour toute pensée pratique de l'engagement. Le tournant anthropologique que nous proposons pose une autre vision du commun et du temps.

Renvois : Commun, Engagement, Histoire, Protagonisme, Réversible

N

NIHILISME

Il est très à la mode de questionner l'engagement depuis une position de doute total. Comment peux-tu être certain que ta résistance parviendra au bien, quelles certitudes as-tu… ? Ce questionnement, en apparence très sage, déconstruit tout engagement et aboutit au nihilisme par l'enchaînement sans fin des interrogations. En situation, les asymétries sont concrètes. Si ce sophiste est victime d'une injustice, il sera le premier à voir l'asymétrie entre la justice et son contraire. Le nihilisme est le point de vue de nulle part et souvent un prétexte pour mieux obéir aux lois du marché.

Ce mot n'a plus de substance, ni de rapport avec sa référence historique. Tous ces gens qui évoquent un détachement du monde pour mieux s'enrichir sans culpabiliser sont très loin du nihiliste nietzschéen qui ne souffrait aucun compromis. La déviation la plus grave est peut-être celle du mot cynique. Ce personnage de l'Antiquité, radical, très subversif, ne ressemble en rien à celui d'aujourd'hui, qui ne perd jamais de vue ses intérêts.

Le nihilisme actuel n'a rien à voir avec l'expérience du négatif, de la fragilité, du devenir comme essence de l'être. Il est le symétrique d'une vision positive à outrance. Conclure que tout est néant, illusion, est la version inversée du tout est vrai, tout existe. Les deux propositions nient l'existence comme devenir. Le nihilisme en pratique pose la même symétrie qu'en théorie. Il rend sourd au bruit, au négatif, à l'appel, qui n'existent, eux, que comme asymétries.

Renvois : Devenir, Non-sens, Scepticisme

NON-SENS

Dans une époque obscure comme la nôtre, la résistance ne peut se fonder sur un sens donné. Même si l'on a des idées sur ce que la vie pourrait être, il ne sert à rien de chercher à les expliquer, encore moins de les imposer. Il nous faut avant tout expérimenter les frontières de la société disciplinaire, faire l'expérience du non-sens pour décrocher avec le sens saturé par la discipline et la technique. Notre vrai défi est là : assumer le non-sens. Notre révolution est d'accepter que l'émancipation ne puisse pas s'axer sur l'espoir. À notre époque, seul le désespoir est subversif car il nous libère de la discipline ou de la promesse d'un maître libérateur, de l'attente. La libération commence lorsqu'on sort d'un espoir toujours défaillant. Notre place est dans le négatif. Nous avons beaucoup de mal à occuper cette position pourtant très concrète et « très positive ». Le non-sens est un moment nécessaire à la construction de toute alternative. Il serait par exemple souhaitable que tous les pays légalisent l'avortement. Il faudra pour cela passer par un moment de non-sens, durant lequel la femme ne sera plus conçue seulement comme procréatrice, pour qu'un autre statut émerge. Le non-sens est le négatif. Il convoque à une construction, à une recherche sans dégager une voie unique à emprunter. Il est une condition de la liberté. Sans son existence, rien n'est jamais questionné, rien de nouveau ne peut émerger, tout est pris dans le même rapport causal. Nous n'assumons pas ce moment de non-sens que nous acceptons au mieux comme un détail. Nous voulons nous épargner le désespoir et le moment du négatif. Mais affirmer une vie sans ombre, sans limites, faire de la mort un scandale ne nous fait pas éliminer l'obscurité mais seulement l'ignorer. La tolérance zéro en matière de délinquance implique de mettre en œuvre des modes de violence, de discrimination vis-à-vis d'une partie de la population. Au nom de l'élimination de la violence urbaine, on en officialise une autre. Lorsque le mouvement du négatif est nié, la vie n'est pas pour autant positive. L'histoire nous montre comment le négatif resurgit alors sous des formes barbares.

RENVOIS : ATTENTE, COMPLEXITÉ, DÉSESPOIR, SENS

NORME

Au sens anthropologique, la norme est codage, structure d'existence. Elle distribue le sacré et le profane, le visible et l'invisible. Ces structures ne sont pas issues de l'homme mais le fondent. Elles sont l'ensemble des conditions matérielles et spirituelles d'une société. Elles ne sont donc pas optionnelles. Notre société utilitariste a produit l'illusion de normes créées par l'homme dans un but utilitaire. Celles-ci seraient le produit d'une discussion, d'un pacte social. À force de croire que les normes doivent être toujours remaniées et discutées par les hommes au nom de la liberté, nous sombrons dans la pire des barbaries : croire que tout est possible.

Notre société croit à une norme utilitariste qui se fonde sur l'étiquetage de secteurs entiers de la population. D'emblée, je perçois l'autre non pas dans sa multiplicité, mais dans une unidimensionalité, son niveau d'utilité. La norme utilitariste est liberticide.

L'engagement ne prône pas une liberté sans norme mais veut au contraire retrouver les points de structuration de la vie qui permettent d'enjamber la norme utilitariste actuelle. La norme de nos sociétés disciplinaires est un lieu vide, elle n'est qu'excluante. Nous ne pouvons que mesurer notre écart par rapport à elle. Nous souhaitons tous y être intégrés et nous nous comparons sans cesse aux modèles intégrés dans nos têtes. La norme devient source de tristesse.

RENVOIS : CHÔMAGE, DESTIN, LONGUE DURÉE

O

OPINION

Notre époque fait l'apologie de l'opinion. Ceux qui sont dans une attitude de résistance cèdent aussi à cette idée liberticide : toutes les opinions se valent. Entre celui qui a fait dix ans de recherche et celui qui ne formule que le sens commun, il n'y a qu'une différence d'approfondissement et il est rare que cette différence joue en faveur du plus savant : trop de profondeur brouille les choses. La démocratie court un vrai danger, prise en étau entre les techniciens, les économistes qui façonnent le monde sans se poser aucune question de sens et une société civile prisonnière de l'opinion.

Jamais la situation n'a été aussi propice au règne de l'opinion. La technique est privée de sens. Il est même difficile de le lui reprocher, ce n'est tout simplement pas sa fonction. L'économiste, ou le technicien, ne s'interroge pas sur le monde qu'il souhaiterait, il est en permanence pris dans la résolution des problèmes. Si la technique ne cohabite pas avec une société capable de penser le sens de son utilisation et de connaître un peu ses rouages, elle finit par lui donner la seule direction qu'elle puisse fournir : les possibilités de l'objet technique. Elle devient alors une idéologie et l'opinion est plus dangereuse que jamais. Face à l'avancée de l'économisme, la création et la résistance sont trop faibles pour que la vie des gens ne soit pas régie par des impératifs techniques et économiques. L'opinion nous maintient hors d'une réflexion sur le sens et nous barre l'accès au négatif. Si je sais que je souhaite avoir de l'argent, si je sais que je me lève le matin pour cela, si je sais trop, je ne laisse aucune place au non-sens, condition de toute connaissance et de tout engagement.

Nous vivons dans un monde où l'espace laissé à la pensée est de plus en plus étroit. Rien ne nous sort des idéologies qui possèdent toutes les réponses. Nous n'ignorons pas certains dysfonctionnements mais nous trouvons des coupables : le pouvoir, un développement incomplet de la technique… La pensée exige d'affronter ce qui constitue une faille et de rompre avec la croyance que la technique en viendra à bout. Toute vision élitiste et ascétique, tout éloignement du bruit du monde tue la philosophie. Contre l'opinion qui nie ce bruit, la pensée se déploie au cœur de celui-ci, dans la compréhension des pratiques nouvelles qu'il exige.

Renvois : Marge, Philosophie, Sens, Technique

P

PAUVRETÉ

La pauvreté a toujours interrogé l'humanité. Bouddha renonce à la richesse, le catholicisme en fait une ascèse, Nietzsche déteste cette position mais ne peut pas l'ignorer. L'homme a toujours soupçonné l'existence d'une vérité dans la pauvreté, il n'a jamais cessé de voir en elle autre chose qu'une donnée matérielle. La pauvreté n'a pas toujours signifié la misère, elle a longtemps été accompagnée de l'idée qu'il n'était pas bon de trop s'attacher aux biens. Elle était un signe que la vie ne se réduisait pas à la lutte de tous contre tous, à la possession, une façon de ne pas être dupe. Au-delà de la souffrance du pauvre et de l'arrogance du riche, l'humanité était sensible à ce message : nous ne possédons jamais rien, nous ne sommes pas propriétaires de nos vies, pas même locataires, tout juste squatteurs.

La décadence de notre époque se mesure ici : malgré cette histoire millénaire, le pauvre est devenu un simple fait sociologique, une donnée économique. Posséder la rareté est un maître mot bien plus fort que le dépouillement. La richesse actuelle ne se limite pas aux biens qu'on accumule, elle est la possession de ce que les autres ne peuvent pas avoir. Nous restons prisonniers de cette bêtise totale : croire que nous possédons sans nous rendre compte que nous sommes possédés. Quoi que tu possèdes, cela te survivra et tu n'auras été qu'au service de ce que tu as cru posséder.

Notre époque se montre tellement canaille qu'elle a fait de la pauvreté la misère. La dimension existentielle est forclose. Ceux qui connaissent des difficultés matérielles n'ont pas d'autres désirs et d'autres images identificatoires que la richesse, ils désirent eux aussi ce que l'autre possède, ils sont pauvres dans leur désir. Le pauvre n'est plus l'autre, il est le miséreux. Il ne représente plus un autre possible et désire comme tous profiter du modèle économique mondial. La publicité s'attache d'ailleurs à faire croire à monsieur Tout-le-monde qu'il peut lui aussi posséder la rareté. Posséder une voiture minable revient à conduire une Rolls, boire du Coca vous rend semblable à Bill Gates… Il faut bluffer le pauvre pour qu'il reste prisonnier de ce désir de rareté, pour qu'il ne fasse pas de son exclusion une force et construise d'autres modes de vie. L'inégalité est pourtant structurelle. Posséder ce qui est rare, être dans la forteresse impliquent que cela ne soit pas permis à tout le monde.

Il nous faut sortir de ce désir aliéné qui identifie le caractère désirable de l'objet à sa rareté. La vision analytique qui veut que le désir soit toujours désir de l'autre, de ce que l'on n'a pas, de ce qui est inaccessible, n'est vraie qu'à un niveau individuel. La question est de savoir ce que désire notre société, quelles orientations elle se donne. Désirer la rareté conduit à l'impasse sociale, à l'exclusion. Pouvons-nous penser un désir qui ne soit pas structuré par la rareté, ou tout au moins par la rareté économique ? En admettant qu'elle soit indispensable au désir, elle peut être d'une autre nature, d'amour, de création. Notre société peut-elle être orientée par autre chose que le manque ? Deleuze opposait le désir né du manque au désir né d'une autoaffirmation. Le premier est un dispositif minimal qui explique au plus quelques phénomènes individuels. Son analyse nous laisse dans une réflexion sur la structuration du désir. Qu'ils pensent qu'il est mimétique comme René Girard ou né du manque comme Lacan, ces philosophes ne répondent pas à la question urgente pour nous. Le problème de notre société est non pas de comprendre le mécanisme désirant mais de lutter contre l'unidimensionalité des objets du désir, tous fondés sur la rareté économique. Même la rareté artistique s'est dissoute dans son prix.

La dictature de l'économie s'exprime sans cesse dans nos existences. Nous avons la volonté de faire beaucoup de choses mais nous attendons de posséder l'argent nécessaire. L'argent devient le moteur désirant. Nous ne disons pas : « je désire cela, j'y arriverai », mais « quand j'aurai de l'argent, j'y arriverai ». Le désir nous met toujours en position d'agencer les choses pour l'assouvir. La vraie question n'est jamais celle des moyens. Ces formules dessinent en réalité deux modes de vie très différents. Un nain qui cherche à saisir un livre situé en haut de la bibliothèque va se demander non pas comment avoir les moyens de grandir mais comment trouver un tabouret. Chercher sans cesse les moyens de l'action comme s'ils en étaient séparés est un piège des plus redoutables, qui transforme le désir en souhait et nous condamne à l'impuissance. La même frontière sépare les points de vue : depuis le point de vue de nulle part, je me contente de souhaiter que tel moyen me soit donné, ou j'assume mon point de vue et je me demande comment accomplir mon désir dans ma situation. En outre, certains moyens ne rendent jamais rien possible. Les gens qui gagnent au Loto continuent à faire exactement comme avant, ils ont plus de voitures, plus de maisons, mais ne désirent rien de nouveau.

Tout dans nos vies nous montre pourtant que nous pouvons désirer autre chose. Il ne s'agit pas de penser une société qui abolirait la propriété mais de créer de nouvelles dimensions d'existence qui ne soient pas centrées sur elle, de regagner des dimensions de liberté et d'émancipation, des désirs qui ne soient pas tous happés par le monopole économique. Je peux vouloir un tableau au-delà de son prix, m'adonner à une activité au-delà de ce que je vais gagner. Notre société a vite fait de nommer privation un désir qui n'est pas économique. Désirer autre chose que l'argent n'a rien à voir avec une ascèse, dont Spinoza dit à juste titre qu'elle est la pire des passions. C'est désirer mille autres choses. Il n'est pas question de renoncer à l'économique – il faut bien vivre – mais de le régionaliser. Les expériences de création, d'amitié, de solidarité apportent une joie qualitativement différente de celle du gain. La résistance concrète tient en ceci : désaxer l'économie, ne plus en faire le centre de nos vies. Cela est la condition de toute croissance alternative.

Renvois : Argent, Capitalisme, Désir

PAYSAGE

Nous ne nous engageons pas pour un monde commun. Le commun est donné d'emblée. Il est très difficile de faire le deuil de l'idée de rédemption, d'accepter que jamais on ne pourra tordre le cou à l'éphémère. Mais cela est aussi bête que de croire que je n'aurai plus jamais faim si je mange bien à midi. C'est une pensée qui est opposée à la vie même. Une version occidentalisée du bouddhisme nourrit cette croyance : il faudrait se libérer de son karma. L'idée d'être libéré des réincarnations successives est interprétée comme le moment d'aboutissement, de rédemption. Être libéré du karma se joue au contraire dans chaque situation où il est question de la sagesse. Nous sommes façonnés par cette attente : une révolution, un État de justice une fois pour toutes.

L'action restreinte nous permet d'expérimenter que nous sommes issus d'une même multiplicité. Il existe deux types de commun : l'un lie les individus en surface, par des alliances utilitaristes et des intérêts convergents. L'autre est l'expérience concrète d'aller vers des régions communes à partir de notre singularité. Ce dernier n'est pas à construire mais à assumer. À un niveau de surface, il n'y a pas de rapport possible. Tout lien est utilitaire ou imaginaire. Mais je peux chercher le commun en intensivité. Dans chaque pratique, nous avons à découvrir le commun qui nous fonde. Sur les scènes politiques et sociales, plus je réponds aux problèmes que le réel me pose, plus je vais vers le commun. Plus je les évite, plus je suis dans l'exaltation de ma singularité, jusqu'à me croire seul au monde. Cet isolement imaginaire façonne des vies bien réelles, égoïstes, tournées vers le pouvoir.

La neurophysiologie confirme cette appartenance commune. C'est par l'étoffe que nous partageons avec les autres hommes mais aussi avec les mammifères, par notre système nerveux central commun que nous percevons la même chose. Nous sommes dans le commun avant toute construction. Même notre perception du monde nous y ancre. L'étendue de l'aperception fonde chaque singularité mais elle est traitée par des systèmes et des corps qui ont plus en commun qu'en différence.

Les situations sont multiples, elles relèvent d'une certaine inconsistance. Le paysage est, lui, un agencement assez consistant qui rend possible l'existence de sujets. C'est une base sur laquelle émerge des choses. Le paysage est du côté de la signification, la situation du côté du sens. En tant que signification, il risque de se diluer s'il n'y a pas émergence de situation et de sens. S'engager consiste à assumer son paysage et, par l'élargissement de son aperception, accéder à une plus grande connaissance du socle commun. C'est seulement en m'engageant dans ma situation que je peux découvrir ses liens avec d'autres situations. La question est toujours de proximité. Comment le monde existe-t-il dans mon monde ?

On ne peut jamais répondre « d'aucune façon » car ces liens existent tous de manière confuse. Plus je travaille en intériorité, plus j'éclaire le monde en moi. L'engagement efficace, matérialiste et concret part de cette recherche. Comment la réalité de cette île, que je vois si lointaine, existe-t-elle dans ma singularité ? Tout existe dans ma singularité. La question est de trouver comment. Cela n'existe pas grâce à des informations conscientes mais à travers des agencements de pratiques. Plus j'élargis mon champ d'existence par des pratiques concrètes, plus je constate la présence de la situation en moi. Plus je m'enferme dans ma vie personnelle, plus l'existence de l'autre n'est qu'une injonction morale.

Renvois : Appel, Commun, Conscience, Sens

PHILOSOPHIE

L'expression « philosophe en résistance » m'agace. Tout philosophe qui ne se contente pas de faire de l'histoire de la philosophie s'inscrit dans une résistance. Il tente de créer des concepts qui répondent aux exigences de son époque. Le mot philosophie s'est vidé de son sens pour que l'on soit sans cesse obligé de lui accoler les adjectifs « engagée » ou « militante ». Et ce faisant, on augmente encore sa désubstantialisation.

Souvent la création en philosophie passe par le réagencement de concepts millénaires. Les théories actuelles de l'émergence permettent par exemple de reprendre les concepts de monade chez Leibniz et Proclus ou d'idée adéquate chez

Spinoza. La création ne réside pas dans ces concepts mais dans leur articulation à l'appel de l'époque. La philosophie est résistance par essence. Je me souviens du premier manifeste de l'alternative que j'ai eu à rédiger. Je me disais sans cesse : « Cela, Spinoza le disait, Marx et Proclus l'ont développé » et si ce n'était Proclus, c'était Damascius… Dans ce dialogue avec les philosophes passés, des concepts se sont créés qui ont depuis développé leur puissance : le contre-pouvoir, l'action restreinte, le devenir minoritaire… L'acte de philosophie est dans le réagencement. Celui qui connaît très bien Spinoza peut ne jamais faire de philosophie, ne jamais trouver l'énergie d'articuler ces éléments avec l'exigence de l'époque. La philosophie est création, elle meurt si on la réduit à une suite de commentaires.

La philosophie invente les dimensions de pensée des problèmes de son époque, elle fournit les outils qui créent de nouvelles dimensions de l'être. Les concepts ne sont pas du verbiage ou de l'opinion, ils approfondissent un point de vue et ouvrent de nouveaux possibles théoriques et pratiques. La philosophie est le travail d'approfondissement du point de vue de chaque époque. Ce travail est matériel. Lorsque je développe une pensée, je m'inscris dans une combinatoire qui a ses lois, ses exigences et ses épreuves du réel. Je peux faire semblant de parvenir à la fin de mon raisonnement, malgré mes difficultés, ou avoir la rigueur de n'éviter aucun écueil. Dans les grands orchestres philharmoniques, lors des passages compliqués, le violoncelliste peut toujours ne pas trop appuyer son archet et suivre le mouvement. Mais si beaucoup de musiciens font de même, ils ne produiront qu'une mélasse. L'époque pose une partition qu'il faut pouvoir interpréter, développer et déplier à travers des concepts qui lui donnent existence et dimensions. Le travail de la philosophie se construit matériellement comme celui du violoncelliste, à l'épreuve des écueils et des difficultés de la partition.

RENVOIS : DEVENIR MINORITAIRE, ÉPOQUE, MODE

PLAINTE

La plainte est une forme de révolte minimale, qui semble identique à la dénonciation mais s'en différencie radicalement. Elle suppose qu'à un moment donné quelque chose nous semble dépassable. Elle demeure tout de même un symptôme ambigu qui peut s'accompagner du souhait de ne pas aller au-delà et nous réduire à l'impuissance. Dans les cultures qui ne sont pas formatées par l'individualisme, la plainte a un sens anthropologique. Elle ressemble en fait à une complainte, où l'on exprime la nécessité d'assumer sa responsabilité par rapport à sa famille, sa tribu. Elle est synonyme d'une fierté et de la capacité à vivre son destin. L'homme du destin sait que sa liberté passe par cette donne qui lui échoit et qu'il doit assumer. Dans nos sociétés occidentales, elle s'est transformée en une sorte de désespérance, qui se nourrit de fausses interrogations : pourquoi ma vie ne me ressemble-t-elle pas ? Pourquoi cela m'arrive-t-il ? L'homme du libre arbitre se condamne à la fatalité.

La plainte nous aide parfois à nous libérer des idéaux dominants, même si elle nous laisse à un niveau faussement subjectif. Souffrir du monde tel qu'il est peut être le début d'une vraie résistance. Les expériences concrètes permettent ce dépassement. La lutte des sans-papiers en Europe n'est pas une plainte. Les gens ont expérimenté d'autres manières d'agir, ils savent qu'on peut légaliser, créer des liens de solidarité, considérer le sans-papiers comme un membre à part entière de la société. Mais la plainte reste ambiguë, elle peut conduire à la création comme elle peut empêcher l'action. Certaines personnes peuvent mettre leur plainte en relation avec des expériences de dépassement, d'autres s'enfermer dans la tristesse et demeurer prisonnières de cet énoncé imaginaire : ce qui m'arrive pourrait m'arriver autrement. Certains feront les rencontres nécessaires et la dépasseront, la plupart ne voudront pas quitter cette douce certitude du pire. Il y a un plaisir malsain, un soulagement à être dans une position de désastre. Une plainte ne se transforme jamais en action par elle-même.

Nous devons aujourd'hui redevenir des hommes du destin. Même si nous trouvons très injustes les problèmes auxquels nous sommes confrontés, nous ne pouvons pas les envisager comme des accidents. Dans ce qui arrive, rien ne constitue une transcendance extérieure depuis laquelle nous pourrions dire : pourquoi moi ? En assumant la situation, nous évitons que le destin ne se transforme en fatalité. Un de mes patients me confiait son malaise par rapport au projet de son entreprise qui lui paraissait marchand, vide de sens. Je lui rappelai le principe de réalité : il ne pouvait ignorer que la société dans laquelle il vivait fonctionnait comme son entreprise. S'extraire de la situation ne peut conduire qu'à une plainte stérile : qu'arrive-t-il à mon entreprise ? Que m'arrive-t-il au sein de cette entreprise ? La résistance est ailleurs, dans le devenir et dans cette question : « Par où passent les lignes de fuite dans ma situation, de quel côté faut-il travailler ? » Nous pouvons nous plaindre de la lourdeur de la tâche mais nous ne pouvons plus nous indigner comme si nous ne faisions pas partie de cette situation.

RENVOIS : DÉNONCIATION, DESTIN, FATIGUE

POLITIQUE

Il faut encore une fois bousculer les mots et les idées reçues. L'engagement ne passe pas par là. Comme certains sont musiciens, d'autres ont le goût de la gestion. Les raisons peuvent en être très diverses : Salvador Allende était mû par une vision du monde qui manque aujourd'hui cruellement à notre paysage politique. Reste que l'homme politique n'émerge pas de façon radicalement différente de celle du musicien. Il faut accepter l'idée d'une discontinuité totale entre le souci pour la justice sociale et l'exercice de la gestion politique. La phrase « je m'intéresse à la justice sociale donc je fais de la politique » n'a aucune logique, elle ne repose sur aucun lien causal. L'homme politique fera son métier avec une sensibilité de droite ou de gauche mais son action sera toujours limitée par la même « matière première », l'état de la puissance dans son pays à ce moment-là. Si cette puissance est très déployée, il pourra difficilement devenir dictateur. Si elle est très faible, il y a peu de chances qu'il ne le soit pas.

Chacun par son action modifie cette « matière première » et influence ceux qui pour diverses raisons font de la politique. Si je vais toujours au supermarché, j'influence la structure du commerce. Je n'ai pas besoin de devenir commerçant pour influer sur la consommation de la société et dès lors sur la politique. Pourquoi le changement serait-il du côté de la politique ? Le lieu du pouvoir, surdéterminé, est un lieu d'impuissance. Pour changer les choses, il faut que les hommes au pouvoir aient en face d'eux des mouvements qui les y incitent. Personne ne « doit » s'engager en « entrant » en politique. Le commerçant qui souhaite lutter pour le commerce de proximité peut fonder une association et créer du lien. Ce discours n'est pas neutre car il invalide toute supériorité du militant. Sa nature fait qu'il se sent interpellé par les questions sociales. Il milite comme le musicien joue de la trompette : parce que cela lui « plaît », parce qu'il répond à son appel.

La complexité du réel, de nos sociétés ne peut être abordée et gérée depuis des instances politiques. Il faut faire le deuil de cette gestion centralisée qui nous condamne à la frustration. Pour prendre un exemple précis, la décision de construire des crèches ne peut venir du responsable politique. Elle émergera du dialogue entre des psychopédagogues, des parents, des sociologues, qui vont peut-être déterminer d'autres traitements de la petite enfance. Après ces discussions, il appartiendra au gestionnaire politique d'accompagner la construction. Mais la nécessité de celle-ci se sera discutée dans des sphères qui ne sont pas politiques.

La seule exception que l'on pourrait retenir est la situation d'oppression extérieure. La dictature installée en Argentine et soutenue par les Américains, l'occupation allemande en France… sont des moments singuliers où l'on est forcé de s'opposer et de résister à une anomalie. L'utilisation actuelle du mot résistance est d'ailleurs ambiguë. Nous ne pouvons pas comparer notre situation et la lutte contre le néolibéralisme à ces moments d'exception. Aussi redoutable soit-il, le capitalisme n'est pas une anomalie imposée de l'extérieur. La démocratie nous permet d'être opposant et la politique n'est plus le principal lieu de la résistance.

Il est en outre illusoire de considérer la politique comme la gestion du commun. Le chercheur en génie génétique s'occupe beaucoup plus du commun que l'homme politique qui, par exemple, applique les directives du Fonds monétaire international. L'homme politique n'est pas l'homme du commun. Le commun ne réside pas dans un accord entre des individus ou des classes mais dans la recherche d'instances plus profondes de connaissance au sein du singulier. Un certain marxisme l'a tristement expérimenté : une classe est une association de surface et ne peut tenir lieu de commun. Marx était d'ailleurs conscient de cet écueil lorsqu'il distinguait classe en soi et classe pour soi, mais les hommes au pouvoir ont oublié toutes ces nuances. Ils ont cherché le commun dans l'être ouvrier des gens, ce qui revient à chercher le commun dans un accident. Il n'y a pas plus de raisons pour que des ouvriers s'unissent que des directeurs de banque, ou plutôt il n'y en a qu'une : l'intérêt. Le commun dans la classe en soi n'a jamais été assez profond pour être révolutionnaire. Le capitalisme réussit là où ce marxisme a échoué. Face à ce commun trop abstrait, il parvient à convaincre que l'ersatz utilitariste qu'il propose est la seule solution. Personne ne se satisfait pleinement de ce faux commun qui est en train de détruire la planète. Mais on continue à penser selon les catégories d'individu, de citoyen, de classe, pour tenter de faire du lien avec ce qui l'a détruit. Voilà l'aporie de notre époque.

Renvois : Capitalisme, Commun, Vote

POSSIBLE

Là encore, nous sommes victimes d'une méprise dangereuse. Nous confondons sans cesse ce que Leibniz nommait le possible et le compossible. Il ne s'agit pas d'une bataille linguistique très abstraite mais du fondement de nos actions quotidiennes. Pour que quelque chose s'actualise, devienne monde, un faisceau de conditions objectives, matérielles et historiques est nécessaire. Philon d'Alexandrie nous a légué une expérience très forte. Il vivait dans une communauté où hommes et femmes bénéficiaient des mêmes droits, où l'esclavage était aboli, la propriété supprimée. Il expérimenta que la vie en amitié avec les femmes enrichit celle des hommes, qu'opprimer l'autre revient à se mutiler soi-même…

Il eut l'intelligence supplémentaire de voir que cette société restreinte n'était pas compatible avec son temps, qu'elle n'était pas compossible et ne pouvait pas être généralisée. Les conditions objectives de l'émancipation de la femme n'étaient pas présentes – on sait aujourd'hui qu'elles sont apparues avec le capitalisme, qui a permis le travail féminin, et avec la pilule, la gestion de leur sexualité. L'expérience s'enrichit là d'un autre enseignement : on découvre rarement de nouvelles idées mais à un moment donné seulement elles peuvent devenir monde. L'interventionnisme repose aujourd'hui sur l'oubli de tout cela. Face à toutes les formes d'oppression, la question du possible et du compossible, et de la distance qui les sépare, devrait fonder notre action.

On ne peut que désirer la fin de la torture. Dans chaque pays, dans chaque situation, il faut se battre et développer des pratiques d'émancipation, d'éducation, de résistance qui feront que la torture deviendra impensable, impossible. Mais vouloir identifier le possible et le compossible est toujours un raccourci idéaliste et stérile.

RENVOIS : BIEN, VIOLENCE

PROJET

La militance s'est structurée autour d'une idée proche de la rédemption. Un jour viendrait qui récompenserait toutes les souffrances et qui marquerait la fin de la lutte. À toutes les époques, des gens de bonne volonté ont ainsi tenté de réfléchir à la façon d'en finir avec la guerre.

Il nous faut rompre avec cette idée d'un jour J, supérieur à tout autre jour de la lutte. Je veux partir de l'hypothèse que la guerre est une invariante de l'histoire. Il ne s'agit pas d'imaginer la manière de la faire disparaître mais de construire des instruments pour que, dans notre situation, elle n'ait pas lieu, qu'elle ne soit pas toute horreur si elle est déclenchée, que des dimensions d'émancipation soient maintenues malgré tout.

Je voudrais insister sur un point. Qu'il n'y ait pas de jour J ne signifie pas la fin de tout projet. Cela veut dire que chaque jour est en quelque sorte le jour J, que les questions ne sont jamais résolues définitivement. Mêmes si certaines formes d'injustice disparaissent grâce à la lutte, la tendance à l'injustice demeure dans chaque situation. C'est une révolution dans la façon de concevoir la résistance mais aussi l'existence en général. Cessons de penser que certains problèmes doivent être réglés pour que la vie soit comme elle devrait être. La seule exigence est de lutter à chaque époque contre l'injustice, pour maintenir la liberté et l'émancipation. Les conséquences pratiques sont claires. Si je vise un jour J, je me donne tous les moyens de l'atteindre. Si je pense au contraire que la totalité se joue dans chaque situation, je ne peux pas détruire la vie pour parvenir à mon but. Je risque sinon de dénaturer ma lutte. L'histoire des mouvements de libération nous l'a tristement montré. Si je massacre l'autre, je ne suis plus dans mon projet d'émancipation. Si je fais le mal dans les situations que j'habite, je n'aboutis qu'à la barbarie. Le projet ne peut plus s'identifier à la finalité. Il est toujours partiel alors que la finalité, elle, est globale : à travers ma situation, je crois me battre contre l'injustice.

La question est existentielle. Ou je me conçois comme un aboutissement et je me demande ce qui, à partir de moi, va pouvoir changer. Ou je m'inscris dans une longue durée et je considère ce qui existe, non comme une aberration mais comme un agencement dont je ne peux pas connaître tous les soubassements. Lorsque j'étais jeune guérillero en Argentine, j'avais un numéro bien rodé lorsque je visitais les bidonvilles. Je montrais à ces hommes les maisons qu'ils construisaient et les taudis qu'ils habitaient. La démonstration me semblait aller de soi, la conclusion aussi : il fallait en finir avec ce défaut de l'histoire. Je sais aujourd'hui que la longue durée interdit toute tentation de table rase. Le vrai défi n'est pas de faire disparaître cette asymétrie mais de cerner comment elle ordonne un monde et de construire la lutte à partir de cette connaissance. La conception d'une action « définitive » n'est possible que dans un champ abstrait coupé de la complexité du réel.

RENVOIS : ATTENTE, GLOBALITÉ, HISTOIRE, LONGUE DURÉE

PROMESSE

La promesse est la forme que prend notre exil quotidien du présent. Nous vivons dans la croyance que quelque chose va arriver. Une patiente de cinquante ans me décrivait sa vie comme une suite de tristesses, de douleurs, liées à l'attente de quelque chose qui n'était jamais advenu. Notre société se comporte comme un vieillard qui continuerait à supporter le quotidien en attendant que cela change. Au bout de cette attente, il n'y a que la mort. La mort scande ainsi nos existences, et notre monde devient un monde de morts. La promesse sert à dévaluer un peu plus le présent. Dans une autre acception, elle permettait au contraire de mettre en évidence le sens de l'existence mais ce sens n'est plus perceptible. La promesse n'était pas alors une projection dans l'avenir mais elle puisait dans la profondeur du passé. Elle signifiait : « Je reconnais dans notre amour quelque chose d'éternel. » Le corollaire pouvait être la durée mais toujours de manière secondaire. La promesse n'était un avenir que de surcroît. Sa durée s'ajoutait à sa signification première. Nous avons inversé la proposition et fait de la durée de la promesse la seule chose importante. Nous avons ainsi tout perdu : un rapport amoureux qui n'est pas en lien avec l'essence de l'amour se prive de l'éternité mais bien souvent de l'avenir aussi.

Renvoi : Attente

PROTAGONISME

Comment les gens s'occupent-ils du commun, comment créent-ils des liens ? Ces deux questions résument le problème du protagonisme, qui fait aujourd'hui cruellement défaut. Nous ne savons pas comment amener les gens à respecter leur propre vie, celle des autres, la nature… Le grand pari de Hegel, la ruse de la raison dans l'Histoire consiste en ceci : chacun vaquant à ses occupations quotidiennes sert un dessein global qu'il ignore, l'avènement de l'esprit. Certes, nous ne savons pas ce que nous faisons, nous ignorons le futur, l'émergence qui adviendra, car nous sommes placés dans une longue durée.

Pour autant, nous ne pouvons pas faire l'économie d'une réflexion sur ces activités quotidiennes. Plus une société se ferme sur l'individuel et le nihilisme, moins la vie se développe. Il existe des activités propices à la création de liens (théâtre, pensée, solidarité) et d'autres qui renforcent l'enfermement sécuritaire. Dans certaines villes d'Amérique, l'activité quotidienne des gens riches est de brancher l'alarme, de s'armer, de se protéger du bidonville miséreux d'en face. Chacun participe à une résultante qui, à la différence de la philosophie hégélienne, n'est pas une totalité à venir mais en permanent devenir. Néanmoins, cette résultante est tantôt grise, opaque, petite, tantôt lumineuse, profonde et large. Si je développe des dimensions de résistance, de création, de solidarité, l'oppression sera de moins en moins possible. Si je suis dans un quotidien de peur, d'insécurité, de repli sur soi, l'impérialisme et le néolibéralisme auront toutes les chances d'avancer. Cette évidence est devenue invisible. Il est absurde de mettre en cause la démocratie en rappelant l'élection de Hitler. Il faut lire la littérature d'avant-guerre pour mesurer la force des idées d'espace vital, du communautarisme, du rejet de tout étranger, de l'unicité de la langue et du peuple allemand…

Toutes ces idées participaient à une fermeture paranoïaque. Cette diminution de la vie quotidienne était la condition nécessaire et suffisante pour l'arrivée du fascisme. Même l'invasion ne dure pas dans un pays qui vit. Nous participons tous de la puissance ou de l'impuissance de la situation. Voici la version pratique de l'universel concret, de la proposition théorique d'une totalité présente dans chaque moment. Notre seule problématique réside dans cette question : comment créer au quotidien, dans l'immédiat de notre vie, le maximum de liens possibles ?

RENVOIS : ENGAGEMENT, HISTOIRE, MULTIPLICITÉ, RÉSULTANTE, VOTE

PSYCHANALYSE

La psychanalyse est significative d'un mouvement qui parcourt tout le XXe siècle : notre civilisation a récupéré systématiquement toutes les ouvertures et en a fait des annexes à l'individu. Lorsqu'elle réalisa que l'identification de la personne à son moi conscient était trop étroite, la psychanalyse créa de nouvelles dimensions mais elle finit toujours par les associer à l'individu. Tout au long du siècle, elle a ouvert des portes en montrant à quel point le moi était surdéterminé, et les a refermées en créant une sorte de « moi et dépendances ». L'échec de la psychanalyse est là : en enjambant le moi, elle n'est pas allée vers le commun mais n'a fait qu'en coloniser des territoires. La théorie psychanalytique nous a indéniablement appris des choses fort intéressantes : comment nous fonctionnons, comment nous nous piégeons, la jouissance que nous pouvons trouver dans la répétition... Toute cette connaissance du premier niveau, du fonctionnement des « corps qui s'entrechoquent », aurait pu nous conduire à un second niveau de connaissance, vers les liens et le commun. Elle nous permettait de réaliser que le moi court sans cesse derrière la multiplicité que nous sommes, qu'il tente de donner une cohérence mais toujours avec du retard. Le moi est semblable au renard de La Fontaine qui n'a pas pu attraper les raisins car ils étaient trop hauts et dit qu'ils étaient trop verts. Lorsque nous prétendons décider quelque chose, nous prenons conscience d'être déjà dans ce devenir. Mais force est de constater que la pratique psychanalytique est inverse. Le moi se donne actuellement une cohérence en allant fouiller dans son inconscient. Les gens ne viennent pas en analyse pour aller vers le commun et la psychanalyse ne permet pas plus cela que toute autre activité.

Les psychanalystes voient dans leur travail un rempart contre la psychologie du moi américaine car ils parlent du désir qui déborde l'utilitarisme, s'intéressent à des dimensions non exprimables du sujet et s'opposent ainsi à l'avancée du panoptique. Mais, contrairement au drapeau qu'elle brandit, la psychanalyse est devenue hyperutilitariste dans sa pratique. Elle valide tout désir, tout souhait individuel, taxe d'imaginaire tout lien de solidarité. Elle fait croire à une foule de pauvres gens que, s'ils ne connaissent pas la réponse, une élite de sorciers la possède. La psychanalyse est devenue majoritairement une pratique liberticide même si elle utilise les mots de l'antiutilitarisme. Comment comprendre que des intellectuels – qui ne se voudraient dupes d'aucune idéologie – payent cent euros pour rester cinq minutes dans le cabinet de quelques psychanalystes parisiens ? La seule explication me vient de l'anthropologie : cette pratique tient du sacrifice. Comme les Indiens brûlent des objets dans la montagne magique, ces gens vont brûler des euros chez le psychanalyste. À la grande différence que le sacrifice déguisé en rationalité tue la liberté. Nous n'avons vraiment pas besoin de cette psychanalyse aujourd'hui.

Je suis psychanalyste. Je vois tous les jours des gens souffrir beaucoup, dans une solitude totale, victimes parfois de gestes irréversibles. Face à cette tristesse, je cherche un mode d'assistance qui compose avec le patient et le conduit vers le commun. Le commun, pour certains, ce sera se lever le matin, ne pas taper son chien, ne pas regarder des films porno en présence des enfants… Le commun est tout ce qui compose. En ce sens, la psychanalyse peut encore être une réponse efficace si elle accepte une remise en cause radicale de son rapport avec le patient, de la direction de son travail avec lui. Si elle se veut un rempart à l'utilitarisme ambiant, elle doit traiter des problèmes personnels en laissant de côté l'individu, composer avec le patient et tenter de lui faire dépasser l'immédiat. Je ne sais pas si un tel renouveau est possible, mais il me semble de toute façon que le barrage contre l'utilitarisme dépasse le champ psychanalytique. La contestation est réelle dans l'ensemble du champ médical par la création de rapports non capitalistes, voire anticapitalistes. La médecine connaît actuellement une véritable révolution. Longtemps le lieu par excellence de la discipline et du panoptique, elle accueille à présent de nombreuses luttes. Par sa compréhension de l'homme et de la norme, elle porte en elle les questions de la discipline et de la résistance. Il y a dix ans, on identifiait la résistance au modèle médical dominant à l'activité psychanalytique. À présent, il me semble que la ligne de résistance passe par la médecine et inclut, au mieux, la psychanalyse.

RENVOIS : COMMUN, CONNAISSANCE, CONNAIS-TOI TOI-MÊME, CONSCIENCE, DEVENIR MINORITAIRE, INDIVIDU

R

RADICALITÉ

Il est un phénomène typiquement français : la radicalité de salon. Cet intellectuel très radical dans ses propos ne s'occupe en réalité que de son avancement social. Il agence des concepts, emploie des mots d'une radicalité totale. Il a une place reconnue dans l'*establishment*. Certains auteurs sont ainsi entraînés dans une course folle à la radicalité. Paradoxalement, cette radicalité extrême n'a jamais aucun effet réel. En Allemagne, en Italie, ceux qui pensent que la société est une horreur totale vivent dans la marginalité. En France, ceux qui déclarent cela et le répètent occupent des places très importantes dans la société.

Cette perversion est un héritage de Voltaire : « On n'embastille pas Voltaire. » Les embastillés sont ceux qui détruisent les champs d'OGM, ceux qui aident les sans-papiers et les sans-papiers eux-mêmes, ceux qui squattent… La tradition voltairienne pose une séparation entre la déclaration et la pratique. En France, on admire la radicalité théorique. Ailleurs, cette radicalité est impossible. Le corps est immédiatement sollicité.

Mon oncle m'a élevé, initié à la philosophie. Il était professeur de neuropédiatrie, intellectuel. Il ne vivait pas en France mais en Argentine. Les policiers lui ont montré le corps d'une de ses amies torturée. Cela lui a suffi. La question de la radicalité est là : on ne peut pas tenir des propos sans imaginer en payer le prix. La radicalité qui nous intéresse part du corps, elle implique d'ordonner sa vie par rapport à certains engagements. On ne peut pas se contenter d'occuper la place du militant engagé dans le plan de table de la maîtresse de maison. En France, beaucoup de ces intellectuels radicaux n'ont que des rapports épisodiques avec la base, lorsqu'ils signent une pétition par exemple. Il y a une différence indépassable entre cette radicalité abstraite et la radicalité de corps. Pour exister en France, il faut apparaître dans la presse, dans des milieux où les « voltairiens » tiennent le haut du pavé. Certains de ces intellectuels rejoignent des positions engagées mais la majorité se contente de rejouer Sartre allant vers le peuple. Ceux qui agissent à la marge de ce monde ont beaucoup de mal à faire parler d'eux car la radicalité conceptuelle et théorique occupe toute la place publique. Ils réussissent rarement l'examen de l'archiradicalité de salon. Les propriétaires de la radicalité officielle font censure. José Bové, Jean-Baptiste Eyraud, Malika Zédiri, entre autres, ne pouvaient pas être bien notés par l'élite contestataire.

Nous parlons d'une position radicale radicalement différente, qui s'ancre dans des actions concrètes et concernent plutôt les marginaux, les sans-voix. Cette radicalité ne réside pas dans un bel agencement de mots et de concepts. Elle est fondamentalement bâtarde. Nous nous réjouissons des victoires des chômeurs, des sans-terre… Elle est liée à une seule préoccupation : l'exigence de l'action.

Mener une recherche intellectuelle à la marge est très difficile. Il faut accepter que chaque mot soit testé, remis en cause, mis à l'épreuve. On ne peut pas dire à des détenus de longue peine : « vous êtes libres », à des sans-papiers : « vous devez penser aux autres ». Un intellectuel qui met son corps en jeu signifie tout simplement cela : accepter que chaque ligne qu'il écrit soit passée au crible par ceux qui sont engagés dans l'action.

Cette pratique est très exigeante mais ne me paraît jamais insatisfaisante. Tous ces énoncés, mêmes les plus obscurs, sont un matériel pour mon travail philosophique. Toutes ces confrontations m'empêchent d'aller vers des mots et des principes qui esquiveraient la complexité. Le découragement, l'agacement, sont des signaux incontournables. Si l'on refuse de penser que tous ces gens sont simplistes, on affronte alors la question : comment faire avec ce qui existe ? Tous ces mouvements font partie d'une mécanique, très complexe et peu noble, d'existence dans la marge. Je me demande souvent ce qui fait bouger ces hommes et ces femmes. En Argentine, la résistance à la dictature et l'espoir d'une société plus juste s'imposaient comme des réponses immédiates. Aujourd'hui, en France, les gens n'avancent pas clairement dans une direction. Nous ne savons pas ce qui va émerger mais nous savons que, en l'absence de ces actions, aucune résistance ne pourrait exister. Le caractère bâtard de la contestation est difficile pour un intellectuel. C'est souvent très dur de composer, d'avancer des idées face à des marginalités ou des certitudes très fortes, de ne pas passer pour celui qui complique les choses par plaisir. La grande tentation de l'élite est de faire de la contestation une ascèse chic qui ne se mélange pas au bruit et à la fureur. Pour moi, la radicalité consiste justement à ne jamais les esquiver. Cela ne signifie pas être soi-même un producteur de bruit et de fureur mais d'accepter la saleté.

RENVOIS : DÉNONCIATION, ÉLITE, INTELLECTUEL, MARGE, PHILOSOPHIE

REBELLE

Le rebelle est un antiautoritariste de bon ton. L'antiautoritarisme s'est très bien agencé avec le néolibéralisme qui fait table rase de tout, ne respecte aucune priorité, aucune hiérarchie, aucun principe. Cette idéologie du rebelle tient en trois propositions : je ne respecte rien, je crois que tout est possible, je peux tout modifier. Elle est, contrairement à ce qu'elle prétend, archidisciplinaire. La discipline comble le déficit de l'autorité. Le rebelle a aujourd'hui deux visages.

Celui de l'ultraconformiste, sorte de sauvage qui ne respecte rien et qui colle à l'esthétique socialisée : il existe des voitures, des vêtements de rebelle… Il s'accorde tout à fait avec les idéaux néolibéraux, qui ne lui posent aucune limite tant qu'il a les moyens. Il a un autre visage qui entérine un changement d'époque. Celui-ci n'est pas antiautoritaire. Il se dit rebelle pour ne plus se dire révolutionnaire, car il assume le fait de ne pas savoir où le conduit sa lutte, et que la rébellion est une composante de la réalité et de l'existence.

La langue de l'époque se montre encore une fois bien défaillante. Le mot rebelle désigne deux réalités opposées : d'un côté, être dans des devenirs de résistance au néolibéralisme, avoir le courage du désespoir, préférer la réalité joyeuse du présent à l'espoir du futur ; de l'autre, réclamer des choses très chères et faire ce qu'on veut, se rebeller contre la vie, la solidarité, les autres.

Renvois : Autorité, Discipline

RESPONSABILITÉ

Les militants se trompent la plupart du temps. Il n'y a pas de personne innocente de la situation. Sinon, elle s'exclut de la trame du paysage et donc de toute action. Au lieu de nier le capitalisme, reconnaissons plutôt qu'il est incontournable : le capitalisme, c'est nous, c'est la situation qui nous est donnée. Cela n'invalide pas l'action mais au contraire la fonde. La trame de la situation est aussi faite d'un désir de puissance qui nous mène parfois à un niveau de perfection supérieur : on peut toujours faire la petite chose pour que l'horreur ne soit pas inévitable. La question « est-ce que Le Pen peut devenir président ? » n'a aucun sens. Ce n'est pas une question mais une pure lâcheté car la réponse dépend strictement de ce que nous allons faire, de la façon dont nous allons assumer la situation. La meilleure façon de se condamner au mal, c'est de se vivre comme étranger à la situation et ne pas assumer sa responsabilité. Si je reconnais au contraire que mon étoffe est celle de la situation, je suis responsable de ce que je n'ai pas choisi. « Je n'ai pas choisi de vivre en Argentine du temps des militaires » est une phrase folle. Je suis l'Argentine des militaires. La seule question est : comme je suis l'Argentine des militaires, de quel côté y a-t-il quelque chose à construire ? C'est précisément ce que voulait signifier Sartre par cette phrase : « Dans une guerre, il n'y a pas de morts innocents. » Le bébé qui meurt n'est bien évidemment en rien coupable, mais il est un élément, un mode de la situation. Il est le bébé qui est né pendant la guerre.

On nomme aujourd'hui responsabilité ce qui est une irresponsabilité totale. Le chômeur est l'emblème tragique de ce non-sens. On commence par casser tout lien entre lui et la situation dont il est pourtant une partie, car on le pense selon le faux modèle de l'individu. On le place ainsi dans un état d'impuissance totale, séparé de lui-même comme un pied séparé du corps – pour citer Épictète – et on le « juge » responsable. Le chômeur ne peut plus être responsable de rien par ce mécanisme, il ne peut être que culpabilisé.

RENVOIS : CHOIX, CHÔMAGE, ENGAGEMENT, PAYSAGE

RÉSULTANTE

La résultante n'existe nulle part, elle n'existe qu'à travers chaque vecteur. Les gens cherchent sans cesse le lieu de l'action. Dans leur vie individuelle comme dans leur vie sociale, ils demeurent victimes de cette croyance : c'est ailleurs que cela se passe. Le capitalisme entretient cette illusion car, sans elle, il ne pourrait pas tenir. Si on réalisait qu'il est certes une résultante universelle mais que, en tant que telle, il n'existe que dans chaque situation, il serait mis à mal. Car dans chaque vecteur, la lutte est possible. La question du mode d'existence d'une résultante représente donc un enjeu très concret. Le capitalisme est mondial et existe partout mais, en tant que résultante, il ne crée pas de dimension supplémentaire, il est hégémonique dans toutes les situations, de la plus privée à la plus sociale. Il est un élément de chaque situation, il est souvent central mais il peut être aussi mis entre parenthèses ou au second plan. C'est cela que montrent les devenirs minoritaires. L'hégémonie n'existe que comme une tendance dans chaque situation. Le rapport de force est donc possible dans chaque action restreinte. Nous pouvons créer une résistance, sans jamais sortir de notre situation pour rejoindre un quelconque universel abstrait. Surtout, dire que le capitalisme est une résultante signifie qu'il n'est pas une réponse. Jamais une résultante ne constitue une réponse à la situation. Si elle arrange la situation qui était son soubassement, ce n'est que par hasard. L'action restreinte trouve là son fondement ontologique. La dépasser revient à tomber dans l'imaginaire et vouloir une résultante dont on ne peut rien savoir.

RENVOIS : ACTION RESTREINTE, CAPITALISME, DEVENIR MINORITAIRE, RÉVOLUTION

RÉVERSIBLE

Notre époque est fâchée avec l'éphémère. Elle aspire au non-éphémère tout en produisant sans cesse des choses périssables. Elle confond la péremption capitalistique avec le fondement de notre être. Tous nos actes sont éphémères. Le noyau d'une création a pourtant à voir avec l'irréversible. L'irréversible n'est pas ce qui continue à exister éternellement, ce qui dure longtemps, mais ce qui a changé le cadre de la situation, parfois grâce à une action éphémère. L'irréversible est ce qui, d'une façon ou d'une autre, s'inscrit dans la résultante de la situation. Le réversible ne modifiera jamais les forces en présence. Le ghetto de Varsovie est l'exemple d'un éphémère total qui crée un irréversible : la vie de l'homme ne se réduit pas à l'utilitaire, il existe une dignité qui survit à la mort. « Grâce à l'insurrection, tu ne prendras que ma vie. » Ce message est déjà le cœur de l'*Apologie de Socrate*.

Nous ne parvenons plus à présent à trouver ce noyau d'irréversible dans nos actions. Nous pensons par exemple qu'il faut développer le protagonisme social. Mais les assemblées de budget participatif deviennent rapidement très ennuyeuses. Ce conseil de quartier développe vite les mêmes défauts que les autres instances de gestion. Qu'une loi institue cela ne garantit pas la participation populaire. À Rome, je fus invité à discuter de la création d'un budget participatif. Cette structure, qui semble au premier abord permettre de nouvelles formes de protagonisme social, pose en fait de nombreux problèmes : que représentent alors les élus municipaux ? Qui vient le vendredi soir discuter de l'avenir du quartier ou de la ville ? En Argentine, en 1973, il existait des coordinations qui décidaient de la vie du quartier, surtout dans les bidonvilles. Dans un moment d'effervescence populaire, cet instrument avait un sens très fort. Mais cette institution ne pourra jamais remplacer la participation populaire, elle ne peut pas en être une garantie, seulement une conséquence. Lorsque les assemblées existaient en Argentine, leur puissance tenait à un noyau d'irréversible, à un questionnement sur la vie, la communauté, l'éducation… Dans notre époque de démobilisation générale, le budget participatif ne peut pas être une garantie de protagonisme.

Nous échouons à imaginer un mode d'action, de création d'irréversible. Les luttes des sans-papiers restent éphémères car, les militants le savent bien, les sans-papiers quittent le collectif quand ils obtiennent gain de cause.

Parfois, les militants ont l'étrange sentiment d'être des prestataires de services. Malgré cette sensation compréhensible, cette désertion tient au caractère éphémère de la lutte. Ce qui ne l'empêche pas d'être irréversible. Ceux qui militent au sein du collectif maintiennent une résistance qui a réussi à gagner un point d'irréversibilité, un point de jurisprudence. Un droit obtenu par jurisprudence pourra être aboli mais il fera à jamais partie des possibles de cette société. Notre question est celle-ci : quelles expériences créent de l'irréversible ? Les pratiques très concrètes – le bus méthadone ou certains groupes de femmes dans le quartier de La Courneuve – créent de l'irréversible. Ce sont des actions restreintes qui font émerger de nouvelles forces et tendances dans la société.

Avec l'émergence du concept de contre-pouvoir, nous avons créé de l'irréversible car nous avons rendu possibles des pensées et des pratiques nouvelles qui ont fait jurisprudence. Il est possible de faire de la politique ou du lien social autrement. Notre problème n'est pas de savoir quel événement créer, et s'il sera éphémère, mais de cerner ce qui crée de l'irréversible, ce qui fait trace. L'irréversible nous donne accès à une forme d'éternel, au sein de nos situations fondamentalement éphémères.

Renvois : Agir, Fragilité, Justice, Protagonisme

RÉVOLUTION

L'histoire nous montre que toute rupture historique est inopinée, incompréhensible, et ne nous apparaît comme nécessaire qu'*a posteriori*. Elle ne casse pas les lois déterministes de la nécessité mais cela ne peut être perçu dans l'instant. Les conséquences d'une révolution ne sont jamais analytiquement prévisibles. L'histoire nous a appris que nous ne savons rien, que nous nous engageons sans jamais pouvoir être certains de ce qui va résulter. L'inconnu, l'angle mort, fait toujours partie de nos actions. Parfois il représente une petite composante, parfois il prend toute la place, comme dans les révolutions. Une révolution est toujours catastrophique, pour reprendre les mots de Deleuze. Nous sommes condamnés à notre point de vue qui ne nous donne jamais une vision claire et adéquate de tout. Dans beaucoup d'anciennes colonies, on a trop pensé que la rupture avec l'empire colonial était une réponse définitive. Les Sud-Africains ont été moins victimes de cette croyance. La fin de l'Apartheid fut un moment important, fondamental, mais pas séparé d'une tendance qui le dépassait.

Il me semble nécessaire et urgent de tirer toutes les conséquences de cette conception de la révolution. La société dans laquelle les Blancs et les Noirs vivent en égalité connaît plusieurs formes. La première émerge à partir du moment où je milite pour elle. Il y a des étapes et des niveaux d'évolution différents mais cette société plus juste existe à partir du moment où l'action restreinte commence. Lorsqu'elle gagne des administrations, elle connaît une forme plus précise mais l'institution de cette société n'est pas un aboutissement. « Gagner » signifie toujours « gagner là où nous sommes ». La victoire est entière à chaque niveau, dans la création de l'ANC comme dans l'établissement d'une société égalitaire. Dans certaines situations, le désir de liberté peut nous coûter la vie, dans d'autres, il ne nous apportera que des désagréments. L'acte de libération reste le même, tout entier dans chaque situation. Il vaut mieux être une femme en 2000 qu'en 1500 mais le combat pour la dignité est similaire, qu'il fasse risquer sa vie ou quelques petits ennuis.

Deux conceptions très différentes de la révolution s'opposent. La première, majoritaire, s'interroge sur le monde de justice à construire pour les hommes. La seconde, que je revendique, se demande plutôt quel homme il faut devenir dans ce monde-ci si l'on désire la justice. La première aspire à un monde qui ne connaîtrait plus de tremblements de terre ni d'épidémies, à un pur avenir réalisé qui signerait la fin de tout devenir. La seconde cherche à construire un homme capable d'affronter ce qui arrive. Ces deux visions ordonnent deux pensées de l'engagement : je me construis comme l'homme du devenir ou comme l'homme de l'attente d'un monde où je n'aurai plus à devenir.

Le projet révolutionnaire concret consiste à construire des devenirs minoritaires qui feront exister les hommes et les femmes du devenir. L'homme du devenir nous fait aujourd'hui cruellement défaut.

Renvois : Action restreinte, Attente, Devenir, Engagement, Justice, Militant

S

SCEPTICISME

À l'instar du cynisme de l'Antiquité, le scepticisme a tout à fait changé de signification. Le cynique était le rebelle ; le sceptique était celui qui suspendait le jugement en l'absence d'éléments suffisants. Aucun des deux ne se plaisait à douter de tout, dans une attitude détachée et esthétisante.

Le scepticisme est la forme « soft » sous laquelle le nihilisme existe dans notre monde. L'homme de la technique est sceptique par rapport à la question du sens et singe une attitude de sérieux. Il fait semblant de douter pour aller vers le nihilisme. Les choses sont ce qu'elles sont, il faut accepter n'importe quel développement car il ne signifie rien… Un grand capitaliste qui adhère à l'injustice du monde est dans une position nihiliste de fait. Il ne nie pas l'injustice mais il ne croit pas que les choses puissent être autrement. C'est par le biais de cette idéologie du « tout est pareil au même » que le nihilisme entre dans notre époque.

Renvois : Nihilisme, Non-sens

SÉCURITÉ

Le capitalisme en tant que système de domination a du mal à exister sans s'opposer à un autre, seul capable de justifier ses aberrations. L'ennemi est une nécessité. Au sein du système mondial, les rivalités sont réelles et féroces mais ne suffisent pas à sa cohérence. L'ennemi communiste a disparu et les pays islamiques fonctionnent sur le même marché. De la même manière qu'il existe une virtualisation de l'argent, il y a alors création imaginaire d'un ennemi, qui répond au besoin intrinsèque du système. Cette explosion idéologique imaginaire a des effets bien réels : l'insécurité est partout. À un capitalisme fractal, hégémonique, correspond une menace elle aussi diffuse, sans frontière. Nous sommes passés d'un capitalisme topologique qui disputait un territoire à son rival communiste à un capitalisme forteresse. Même au sein des bidonvilles, on trouve cette distribution entre une forteresse et un *no man's land.* La cabane doit être protégée de l'insécurité environnante, le voisin est perçu comme un ennemi qui peut voler... Dans les années soixante-dix, les bidonvilles étaient des lieux hors contrôle, marqués par une solidarité populaire et un sentiment antisystème très fort. La misère des voisins n'était pas perçue comme un danger. Aujourd'hui, la misère spirituelle s'ajoute à la pauvreté économique et l'insécurité est une atmosphère générale. La société de l'insécurité est une société très violente car rien n'est plus violent qu'une menace permanente. Il y a parfois des actes de violence, des arrestations, des licenciements abusifs...

mais cette violence n'égale pas celle qui sans cesse nous taraude, qui nous maintient aux aguets et nous condamne à l'immédiat. Souvent, au sein des entreprises, la menace ne se concrétise pas pendant des années et lorsque la décision éclate, elle provoque presque un soulagement. Mieux vaut une menace concrète qu'un harcèlement incessant. Un animal qui serait en permanence aux aguets deviendrait fou. J'ai écrit un livre sur *Cette douce certitude du pire*. Lorsqu'on vit dans un monde où tout est possible, la seule chose certaine est le pire. Face au caractère anxiogène de ce « tout est possible », le pire apparaît comme un moindre mal. Cette société où l'autre est toujours un danger engendre beaucoup de tristesse et de peur. Surtout, la méfiance envers tout finit par nourrir une méfiance de l'individu envers lui-même. Ne plus jamais être tranquille nulle part implique au final de ne plus être tranquille en soi. La cassure des liens, ce qu'on appelle en psychanalyse l'attaque contre les liens, est générale : elle touche les liens avec les autres mais aussi les liens d'intériorité de chacun. Nous vivons l'apogée du panoptique dans cette dissolution de toute intériorité.

L'insécurité dont souffre notre monde ne peut pour autant être réduite à des lois sécuritaires et à un développement de la surveillance. Son soubassement anthropologique est bien plus profond : nous sommes la société qui a peur du futur, et une telle société est plongée d'emblée, et avant toute autre question, dans l'insécurité. L'insécurité est notre fondement, elle est le signe dominant de notre époque. Cette peur du futur se projette dans une myriade d'angoisses quotidiennes. Nous n'éduquons plus sereinement nos enfants car rien ni personne ne peut nous assurer qu'ils seront à l'abri de la précarité. L'insécurité s'apparente à la menace d'un autre, à une incapacité à contrôler qui est partout, y compris à l'intérieur de chacun de nous. L'homme occidental, l'homme de la maîtrise de soi n'a plus confiance en lui. La peur du futur a suivi l'optimisme moderne exagéré. Puisque la toute-puissance est impossible, nous sommes dans l'impuissance totale, le futur est mauvais. La même conscience continue de pérorer sur le monde en évitant soigneusement tout point de vue concret et pratique. Le futur n'est en fait ni bon ni mauvais, il n'est pas quelque chose à venir mais un possible, une virtualité qui se joue ici et maintenant. La peur s'alimente toute seule. À la peur du futur viennent s'ajouter celles de manquer, d'être attaqué, de créer des liens qui pourraient nous fragiliser…

La question de l'insécurité ne relève donc pas d'une politique particulière mais du moment historique que nous vivons. Il est dès lors impossible de penser une forme de résistance et d'engagement en évitant cette question. L'insécurité crée une scission entre ceux qui se sentent du côté de la protection et ceux qui se sentent du côté de la menace. La gauche et l'alternative officielle se leurrent en voulant reconstruire l'espoir. Ce qui effraie l'homme moderne est justement de faire confiance à l'avenir. Le seul remède à cette peur consiste à éprouver la puissance ici et maintenant, à réinvestir le présent. Les forums sociaux ont un côté très dépressif alors que le rassemblement du Larzac, lui, était festif. Il n'était pas alors question de discuter d'un autre modèle possible mais simplement de se compter, de comparer des expériences de lutte. Le côté dépressif de la gauche tient à ce discours sur l'avenir. L'homme postmoderne traduit le mot espoir par désespoir, demain par tristesse, confiance par peur. La gauche tente de créer du lien mais l'insécurité est tellement profonde que les gens ne sont même plus capables d'imaginer des pratiques concrètes de solidarité.

La sécurité est devenue un idéal individuel et social. C'est le règne du cocooning : « Restez chez vous, ne sortez plus, retirez-vous en quelque sorte sur des positions sûres, c'est-à-dire vous et, à la rigueur, votre compagne. » Toute une industrie répond à cette idéologie du « pour vivre heureux, vivons cachés ». L'idéologie sécuritaire exige de ceux qui habitent les quartiers sensibles de rester tranquilles devant leur télé, et fait miroiter à ceux qui sont dans les quartiers bourgeois qu'ils sont bien mieux chez eux. Elle propose deux versions de la même position de retrait, une disciplinaire, où tout déplacement hors des circuits normés et formatés est suspect, une autre de plaisir, où elle vante le confort d'être chez soi. Elle crée ainsi une sorte de démocratie par le bas. Jamais les habitants des HLM n'imagineraient que ceux des quartiers chic regardent les mêmes programmes qu'eux à la télévision, qu'ils ont la même activité qu'eux lorsqu'ils rentrent de leur travail.

La télévision comme Internet sont les loisirs disciplinaires communs à toute la société.

Plus on cherche la sécurité, plus on s'éloigne de la seule chose qui pourrait nous la procurer, les liens. L'insécurité que nous ressentons sans cesse tient à notre façon de nous concevoir comme des sujets isolés. Tel un animal fou, nous n'avons plus de contacts réels et objectifs avec notre environnement et avec autrui, nous réagissons par rapport à des choses imaginaires, de manière de moins en moins adaptée. Il suffit de se promener en redoutant une agression pour qu'effectivement elle se produise. Une personne ou une société qui se protège positionne l'autre comme agresseur. Le comportement sécuritaire ne fait qu'augmenter le danger. Si nous continuons à raisonner en ces termes, nous ne trouverons aucune solution. La demande de sécurité n'est pas une pensée mais une demande adressée à la technique. Le cercle est indéniablement vicieux. Plus la technique se développe, plus elle nous met dans l'insécurité, plus nous lui demandons qu'elle nous en sorte… Le discours sécuritaire veut nous faire croire que l'insécurité n'engage qu'un homme, celui qui attaque. Avec un peu de distance critique, nous nous rendons compte que notre système ne cesse de produire des messages et des pratiques d'insécurité et de violence. Il est même étonnant qu'il n'y ait pas plus d'agresseurs par rapport à la quantité de sécurité qui existe. La folie sécuritaire a besoin de gens qui la justifient par leur violence.

RENVOIS : ARGENT, CAPITALISME, ÉPOQUE, EXISTENCE, LIENS, NON-SENS, VIOLENCE

SENS

Partout j'entends ces paroles : « Je cherche un sens à ma vie. » Cette phrase banale dans notre monde n'en est pas moins une aporie. Elle sous-entend que j'existerais dans un premier temps, et qu'ensuite je chercherais le sens de mon existence. Certains patients me disent la même chose de manière plus tragique : « Je suis dans un vide, dans le néant. » Chacun reproduit à sa façon cette illusion caractéristique de notre époque : nous existons comme des structures signifiantes, comme des corps, comme des étants, et nous sommes pourtant vides d'être, donc de sens. Personne n'existe jamais dans une telle souffrance de sens, certains vivent avec un sens très petit mais personne n'est jamais en recherche de sens.

Exister est un sens, parfois les gens existent dans des sens peu intéressants mais jamais sans sens. Dans cette période obscure où l'on se perd dans la quête de pouvoir, le racisme, les réflexes identitaires, nous nous figurons être un peuple qui a un problème de sens. Nous avons en vérité une existence petite, donc un sens restreint car les significations techniques et économiques ont saturé nos vies.

RENVOIS : APPEL, EXISTENCE, TECHNIQUE

SOUFFRANCE

Notre époque est marquée par la tristesse. Les gens souffrent. Les preuves sont nombreuses de cette position dépressive mais s'il en fallait une pour nous convaincre, la consommation sans cesse croissante d'anxiolytiques en serait une. Une personne qui souffre est dans une position d'attente. Elle ne se satisfait pas de la signification donnée et pointe ainsi une déficience de sens. Mais la souffrance est fondamentalement ambivalente. La psychanalyse nous aura appris qu'il existe une forme de jouissance au sein de la souffrance. Celui qui souffre n'est pas alors vraiment dans une quête de sens nouveau. Il est bien différent de celui qui se complaît dans l'ordre établi ou même en profite, mais il se désolidarise lui aussi du monde, demeure passif face à sa souffrance. C'est par cette ambivalence que nous pouvons approcher la tristesse ambiante actuelle. Notre monde est doublement verrouillé, et ceux qui tentent d'échapper au formatage, au conformisme n'évitent pas pour la plupart l'instance narcissique du « je souffre ».

Dans un poème très étrange, Pessoa écrit : « Je ne m'occupe pas de l'injustice. » Pour ne pas en rester à cette provocation immédiate, il faut replacer cet écrit dans le contexte de la dictature. Lorsqu'il aide un résistant, Pessoa ne le fait pas parce qu'il souffre de l'injustice et que cette idée lui est insupportable, mais parce que, dans le concret de la situation, il doit tendre la main et ne pas être un lâche.

La souffrance permet de tourner le dos au concret, au présent, et c'est pour cela qu'elle convient si bien à notre époque. Souffrir de l'ordre du monde, avoir de grandes idées sur la justice permet de ne pas habiter la situation. Cela ne nie pas la réalité de la tristesse actuelle. Mais tout dépassement de la situation passe par le fait de ne pas s'identifier à sa souffrance. On ne se révolte pas parce qu'on souffre mais quand, malgré la souffrance, on développe une puissance d'action. La souffrance est comme piégée de l'intérieur.

Renvois : Appel, Bonheur, Fatigue, Plainte

SURVEILLANCE

Nous vivons un moment de déplacement de la notion de surveillance qu'il est très intéressant d'analyser. Pendant très longtemps, elle a été une peine administrée par la justice, avec comme point final la prison. Aujourd'hui, la surveillance n'est plus considérée comme une peine mais comme une prévention nécessaire, elle est devenue l'atmosphère de notre société panoptique. Les surveillés demandent toujours plus de surveillance, dans une sorte de paranoïa indépassable. Nous sommes tous condamnés à la surveillance devenue norme.

La technique est là pour permettre à la punition de jadis de devenir la norme sociale. L'idée que l'intériorité d'une personne puisse être regardée et ne soit donc plus un lieu caché, intime, singulier, triomphe. Le téléphone portable est un symptôme majeur de l'avancée du panoptique : tout le monde est toujours localisable, le portable sédentarise la population entière. Les parents achètent ces téléphones à leurs enfants sans parvenir à se rassurer. Ils ressentent toujours cette insécurité qui les pousse à équiper leur progéniture d'une alarme. Il est même devenu inquiétant de ne pas en posséder, de ne pas pouvoir être joint en permanence. Le téléphone portable n'est pas une idée hasardeuse. Il vient répondre au souci de repérer, de classer immédiatement, de lutter contre tout ce qui est flux, devenir. Des centaines d'objets techniques disparaissent très vite, l'explosion du portable tient à sa capacité d'épouser la tendance majoritaire de notre monde : être localisable, ne pas être nomade. Il répond parfaitement à l'idéal de la discipline : vous êtes chez vous ou comme si vous y étiez, vous êtes « logé » comme disent les policiers.

Il ne s'agit pas de sombrer dans un passéisme sans intérêt, ni de discuter du caractère confortable du portable, mais de comprendre à quelle évolution il correspond, quel saut qualitatif il représente. Notre société a les moyens de sédentariser tout le monde. Le portable permet une autre rupture, plus grave encore pour l'intériorité de chacun. Le fait de ne pas communiquer immédiatement ce qu'on a à l'esprit est fondamental pour la pensée ; si je communique en permanence, je ne peux pas penser, la boucle de ma singularité est sans cesse rompue. Si je me suis fâché avec une amie, je marche dix minutes et, pendant tout ce temps, je complexifie l'objet de ma fâcherie, j'élabore, je digère ma sensation. C'est ce temps qui disparaît avec le portable, je suis sans cesse en rapport avec un semblable, je n'ai plus de contact avec un autre intérieur ou extérieur. Lorsque je suis avec quelqu'un, je n'ai pas accès à son espace intérieur, je ne sais pas avec quelles instances intérieures il est en rapport. Mais il a un portable et je le vois téléphoner devant moi. Cet espace intérieur caché va être ainsi quadrillé par une série d'appels. L'espace intérieur, inconnaissable, devient panoptique. L'autre devient les autres.

Le portable est un symptôme terrible. Son seul antécédent est, il me semble, le bracelet électronique, qui a d'ailleurs suscité maintes réactions. Une chose est de priver quelqu'un de sa liberté de mouvement, une autre est de surveiller tous ses déplacements. Je ne rêve pas d'une société sans punition mais j'aimerais qu'on s'interroge sur le sens des modes de punition que nous choisissons. Le bracelet électronique marque une avancée du panoptique flagrante : la société ne se contente plus d'interdire les déplacements, elle épie tout mouvement. On ne peut pas s'arrêter au caractère confortable, voire humaniste, de l'objet technique. La guillotine en son temps apparut plus humaine que la hache. Ceux qui revendiquent le côté humaniste du bracelet électronique demeurent à un niveau individuel : il permet les déplacements, la vie de famille… Reste la signification sociale de cette révolution technique et ce qu'elle suppose : accepter qu'une population soit surveillée dans la ville, accepter donc que la ville devienne prison. Dans notre réflexion sur les modes de punition, nous devons rester attentifs à ces deux dimensions, sociale et personnelle. Le caractère confortable de la chose ne doit pas nous cacher le danger de ses conséquences. Dix ans à peine après l'apparition du bracelet électronique, nous nous surveillons tous avec nos téléphones portables, sans en avoir aucune conscience : « Où es-tu ? »

L'avancée technique ordonne la réalité et empêche le débat. Elle laisse d'emblée de côté toute autre possibilité, que le renforcement des liens puisse recadrer certaines personnes tout autant qu'une surveillance acharnée par exemple. La technique n'a pas d'essence et ne répond qu'à l'utilitarisme. Plus la société se laissera modeler par elle, plus elle avancera dans le panoptique. Nous ne pouvons pas lutter contre la technique mais nous avons à développer des désirs et une pensée qui ne se contentent pas de suivre ses développements.

RENVOIS : DISCIPLINE, NORME, SÉCURITÉ, TECHNIQUE

T

TECHNIQUE

La technique est une révolution dont nous n'avons pas fini de mesurer les effets. Elle rend possible l'instantanéité, un maintenant beaucoup plus puissant que la longue durée. Autrement dit, la puissance horizontale de la technique fait le poids face à tout soubassement. La technique change ce qui provient de la longue durée, sans aucune assurance d'obtenir ce qu'elle veut. Modifier génétiquement un organisme est devenu possible, contrairement à un agencement millénaire. Rien ne nous dit que la résultante ira dans le sens souhaité par les techniciens d'aujourd'hui. Loin de nous avoir placés dans un monde de maîtrise, la technique crée des agencements dont la grande majorité est inopinée et obscure. L'énergie nucléaire, les OGM, les antibiotiques sont autant d'exemples de la démesure des effets inconnus par rapport à l'efficacité visible. La technique prétend abolir le hasard mais elle ne cesse d'engendrer des effets non prévisibles. L'utilisation de la pénicilline fut bien sûr salvatrice mais nous commençons à découvrir ses conséquences masquées, l'émergence de micro-organismes résistant aux antibiotiques et des épidémies qui nous laissent désarmés. La surenchère technique s'accompagne immanquablement d'une augmentation de l'inconnu.

L'objet technique est par définition celui qui n'a pas d'essence propre. Il est un agrégat utilitariste. La technique et son instantanéité permanente contribuent à nous éloigner de nous-mêmes. Entre nous et nous, il y a une puissance énorme. D'autant plus que, dans la technique, il faut ranger l'économie. Il n'existe pas de société sans marché, sans échanges, mais lorsque l'économie n'existe plus que dans l'instantanéité et dans l'horizontalité, elle devient un volet de la technique. La pensée économique est une pensée technique. Elle nie avec une force suffisante toute longue durée, toute tradition, toute verticalité. Le sens est toujours donné à l'avance. Cette saturation du sens est la non-pensée par excellence. Nous pensons nos vies en termes techniques. Nous envisageons notre existence comme un capital, nos relations affectives comme des investissements. Nous cherchons à comprendre les actes des autres par des causalités techniques et économiques. Notre époque détesterait comprendre que certaines guerres ont lieu à cause de surdéterminations très complexes. Si la technique est l'oubli de l'être, l'économie est l'oubli tout court. Le monde devenu économique est transparent, explicable, compréhensible. Les caprices de la Bourse n'ont rien à voir avec les caprices des divinités grecques. Contrairement à Zeus, l'économie est le dieu de la transparence totale. Les caprices des dieux étaient des mystères, ceux de l'économie ne sont jamais que des énigmes. Même si l'on ne parvient pas à les résoudre, il n'y a rien à chercher, que le désordre du marché. L'incapacité à toujours faire les bonnes prévisions n'a rien à voir avec l'idée qu'il y a du non-prévisible dans l'être. La mythologie grecque apportait une réponse à la non-maîtrise des hommes, elle dévoilait un rapport à l'infini. La Bourse, elle, n'est pas compréhensible mais ne dévoile rien.

L'économie est une des causes de la perte de substance de notre langue, elle semble nous dire sans cesse « cause toujours ». On peut parler de tout, être religieux, philosophe, finalement il faudra bien se ranger à la toute-puissance de la causalité économique qui a pris la place de toutes les autres. La technique développe un jargon de plus en plus codé. Dans la technique comme dans l'économie, on sait toujours ce que signifie résoudre un problème. Les mots ne sont jamais polysémiques ; la pratique de la technique crée un langage qui n'est pas une langue. Tout un faisceau de surdéterminations, la connaissance du climat, de la géométrie, des flux migratoires… fait que, à un moment donné, les hommes construisent des pyramides. Rien ne nous permet d'établir une coupure le jour où l'on décide de commencer le chantier. Prenons l'exemple de ces pyramides dont la construction s'est agencée pendant mille ans, et figurons-nous ceci : nous sommes en permanence en train de dire des choses qui se sont préparées pendant mille ans. La langue a à voir avec cette longue durée et seule la technique et l'instantanéité qu'elle impose nous empêchent de le voir. Tout cela demeurerait en fait bien théorique si les conséquences de cette instantanéité n'étaient pas des plus dangereuses. La brutalité et la puissance de la technique – et de l'économie – sont telles qu'elles bouleversent des agencements vieux de mille ans. Nous sommes ici très loin d'une quelconque abstraction : cela fait des millénaires qu'il y a des espèces vivantes sur la planète et d'ici trente ans cinquante pour cent d'entre elles auront disparu du fait des hommes.

Tout l'enjeu réside donc dans l'effort de redonner leur soubassement aux mots, de les remettre en contact avec ce qui les « prépare » depuis des millénaires. Seule la pratique peut nous permettre de sortir de notre langue sclérosée et d'articuler nos mots à d'autres univers.

RENVOIS : APPEL, EXISTENCE, LONGUE DURÉE, SENS

U

UTOPIE

Un chercheur s'est amusé à développer tous les éléments décrits par Thomas More dans son *Utopie*. Rien ne coïncide. Deux interprétations sont alors possibles. Toute utopie conduit à l'échec. C'est cette analyse facile que choisit notre époque si idéologique par ailleurs. Elle se dit héritière de la fin des utopies qu'elle condamne comme imaginaires. L'autre interprétation me paraît beaucoup plus intéressante. L'utopie n'est pas un modèle réalisable. Elle n'est pas une chimère, elle s'ancre dans le présent comme la possibilité d'un dépassement.

Si nous poursuivons cette piste, nous ne pouvons faire l'économie d'un détour théorique. Le *conatus* est le fonctionnement qui agence les atomes et les molécules entre eux. Il n'est donc pas immédiatement matériel, il est ce qui fait qu'une portion de l'étendue s'agence et existe, que quelque chose est. Ce que nous apprend l'utopie est précisément ceci : il y a un non-lieu qui fait que les choses sont ; ce qui existe n'est pas identifiable au soubassement qui le compose mais à une résultante qui est un non-lieu. Cette conception ontologique à laquelle nous invite l'utopie a des conséquences très concrètes. Un patient peut se vivre comme un individu et envisager la société comme un amas d'individus. Il peut au contraire accepter l'idée que ce qu'il affronte est un défi pour l'ensemble de la situation à laquelle il appartient. Il se pose alors la question : que se passe-t-il dans l'ensemble auquel j'appartiens ? et non : que m'arrive-t-il ?

L'utopie ainsi conçue n'a rien d'imaginaire, elle est au contraire une des formes de l'appel. Elle est au cœur du travail anthropologique que nous devons aujourd'hui entreprendre : cesser de nous penser en individu mais comme paysage. L'utopie permet de penser cela : tu vas vers un non-lieu, tu es un point de vue sur la situation. Tu ne t'identifies pas à la somme des éléments qui te composent mais à quelque chose qui en émerge, à ton fonctionnement

RENVOIS : APPEL, CORPS, EXISTENCE, INDIVIDU, PAYSAGE

V

VIOLENCE

La condamnation de la violence est impossible de façon abstraite et générale. Contrairement aux dirigeants officiels de l'alternative qui refusent tout recours à la violence, cette question ne m'est pas étrangère. Je me suis engagé dans la lutte guévariste, j'ai été en contact avec des groupes violents.

L'histoire nous montre qu'une lutte – si juste soit-elle – qui se réduit à la logique de l'affrontement finit toujours dans l'injustice. Si elle demeure au premier niveau des corps qui s'entrechoquent, elle conduit au pire. Elle doit être pensée selon d'autres modes, incluse dans une situation qui n'est jamais tout autre. Plus une force n'existe qu'au niveau de l'affrontement, plus elle risque de s'identifier à son ennemie. C'est tout le problème des FARCS en Colombie. Dire qu'ils ne sont plus aussi révolutionnaires ne justifie en rien le pouvoir en place. Ils représentent une tendance contestataire mais ils sont de plus en plus piégés par le face-à-face avec le pouvoir. Ils sont en train de perdre le contenu révolutionnaire de leur lutte.

Nous naissons dans un camp ou dans un autre, nous en choisissons un, mais cela demeure une information minimale. Lorsqu'on a opté pour le camp de la résistance, demeure l'exigence très forte de comprendre la situation afin de ne pas être dans un face-à-face stérile. La vraie alternative, c'est au moins d'exister sur deux niveaux de connaissance et ne pas rester au premier niveau minimal de l'affrontement. Ce qui n'invalide en rien la lutte. Lorsque je comprends la situation comme un tout structuré, je me bats d'une façon différente mais avec une radicalité totale. Le second niveau de connaissance, la connaissance par les rapports et les causes, ordonne différemment la lutte, lui évite de tomber dans l'injustice mais ne lui enlève rien. Philon d'Alexandrie décrit comme une injustice le fait que le tyrannicide ait échoué, preuve que la vie contemplative n'implique aucune sorte de retrait. Bien au contraire. Plus on se bat avec une connaissance approfondie, moins on tient à sa vie.

En revanche, être au second niveau de connaissance invalide tout fanatisme ou terrorisme car la fin ne peut jamais justifier les moyens. Le tout se joue dans la partie, ici et maintenant, et aucune « bonne excuse » n'est permise. Si je fais le mal, je suis le mal. Connaître la situation comme un tout oriente l'action. Il y a des choses que je ne peux pas faire.

Reste la délicate question de la violence au combat. Spinoza analyse l'exemple de Néron et Oreste, tous deux matricides.

Oreste sauve la dignité, la cité, la mémoire en empêchant sa mère de continuer à agir. Néron commet le même geste mais c'est un acte de mal. Une lecture abstraite du meurtre est impossible, l'acte de base n'est lisible que dans chaque situation. Spinoza cherche le pire, le matricide, et conclut qu'on ne peut en faire un mal absolu. La question du mal est toujours situationnelle. Notre époque ne parvient pas à penser la question de la violence en termes concrets. Elle croit ainsi y échapper alors qu'elle se trouve noyée dans une violence sans limites.

La question de la torture ne peut être appréhendée que de manière historique. Nous ne pouvons plus avoir une vision linéaire du progrès qui nous ferait plus civilisés que les barbares avant nous. La place du corps dans nos sociétés a fait de la torture un mal absolu. Le corps n'est touchable que par transgression – ou par un acte médical. Dans notre système, la torture est un mal, une violence exercée par quelqu'un en position de pouvoir. Pourquoi l'image du mal absolu pour nous était-elle, il y a moins d'un siècle, un spectacle que l'on décrivait avec grande précision ? Aristote aussi dans *La rhétorique* note qu'il est gênant d'obtenir des informations sous la torture car on ne peut les tenir pour fiables. Les figures du mal s'agencent de façon différente dans l'histoire. Je ne peux pas penser que la France, à l'époque du tourment de Damien, n'était que barbarie. Tant que de nouveaux possibles n'émergent pas, la contestation est un souhait un peu vague. Il faut que les choses qui semblaient dures mais inévitables apparaissent dures et évitables.

La question est donc expérimentale, matérialiste et concrète. Il y a des choses que l'on ne peut pas faire sans être du côté de la destruction de la situation, donc du mal. La torture a toujours été exercée au nom d'un ordre social, justifiée de façon extrasituationnelle. Elle détruit les liens et est source de décomposition. Dans aucune situation elle ne peut apparaître comme un bien. Le terrorisme relève de la même problématique. Il ne peut être qu'une position de destruction, un mal situationnel. Le terroriste surplombe la situation et considère la vie comme une matière à terroriser au nom d'une vérité extérieure. La torture et le terrorisme sont un mal car ils détruisent la situation au nom d'une réalité hypothétique. Les actes de violence sont tous dangereux, en équilibre très instable. La violence ne peut être exercée que dans un va-et-vient avec un deuxième niveau de connaissance, sinon elle rejoint les deux autres.

La violence implique un discours très ambigu, elle est toujours celle de l'autre. L'État et le contestataire se la reprochent mutuellement. Il existe toute une tradition de non-violence et de désobéissance civile qui tente de déjouer ces mécanismes. Il ne s'agit pas d'éviter la violence mais d'exercer différemment une coercition sur l'État et l'empire. La non-violence crée un niveau supérieur d'élaboration à l'affrontement mais ne le congédie pas totalement. Le discours implicite de Gandhi était clair, s'il mourait des suites d'une grève de la faim, l'Inde serait mise à feu et à sang. La violence n'est pas exclue mais articulée différemment.

Renvois : Affrontement, Bien, Connaissance, Sécurité

VIRTUEL

Dans notre monde de désengagement, il existe paradoxalement beaucoup de sites où circulent des idées de contestation. Des milliers de jeunes échangent ainsi des informations sur les modes de résistance dans le monde. Le mur qui sépare cette tribu de cybercontestataires de la pratique concrète est immense. Nous assistons là à la naissance d'un troisième état dans la journée des gens. Il existe un état de sommeil, un état de veille et désormais un état virtuel. Ces trois niveaux sont à la fois interdépendants et autonomes.

Pendant le sommeil, les circuits neuronaux fonctionnent dans une réactivation des traces mnésiques des pratiques, le système s'isole pour se réparer. Nous ne sommes pas coupés de l'étendue mais le soi est mis de côté, isolé du monde. Les perceptions continuent mais les aperceptions fonctionnent en boucle fermée. Tout stimulus extérieur est d'ailleurs réinterprété comme s'il venait de l'intérieur : je réintègre dans mon rêve un bruit extérieur pour ne pas casser cette bulle du sommeil. L'éveil se caractérise au contraire par une activité d'aperception qui accompagne les perceptions. Dans le virtuel, nous sommes corporellement dans le sommeil mais, d'un point de vue de la conscience, nous sommes dans l'éveil. Je n'ai plus d'aperception et ma conscience fonctionne seule.

Un lien dans le sommeil est inimaginable. Les perceptions sont récupérées en bulle fermée, le sommeil se caractérise par une suspension des liens. Dans l'éveil, la perception nous place au contraire dans les liens. Dans le virtuel, nous sommes dans une sorte de lien qui n'a rien à voir avec la pratique. Ce lien ne vient pas de nos aperceptions. Imaginons un homme qui s'endort dans un avion détourné sur Paris et ne se réveille qu'à l'arrivée, initialement prévue à Rome. L'homme a été à Paris sans en avoir conscience. Un cybernaute est partout, il a les informations du monde entier. L'un a eu les aperceptions sans conscience, l'autre a des aperceptions à Tokyo mais sa conscience est en lien avec Paris. Il y a des modifications physiques possibles pour le premier, il peut avoir été contaminé par un virus par exemple. L'autre non. L'état cybernétique permet d'avoir conscience d'un tas de choses sans aucune aperception. L'activité consciente est totalement décollée du soi. Des milliers de jeunes partagent ainsi une attitude de révolte totale et n'ont aucune incidence sur le monde. Cette circulation d'informations très subversives ne touche pas le réel. Il peut exister des allers-retours entre ce cyberespace et la réalité. À un moment donné, une association peut se servir de cette capacité d'échange, par exemple. Mais le cyberespace détermine un troisième état, qui n'est pas compréhensible à partir d'un état de veille. Et cet espace ne peut pas créer du commun car la seule chose qui puisse le faire en est exclue, la pratique.

RENVOI : CONSCIENCE

VOTE

Il me semble urgent de penser la politique en termes éclatés et d'éviter une fausse centralité. Le sens de la politique n'est pas lié au moment du vote tous les cinq ans. Plus on focalise le débat sur la question de la représentation et des élections, plus on court le risque de vider la politique de son contenu. Penser la politique de manière éclatée implique de construire des projets, qui se distinguent radicalement des programmes. Un programme prétend dire comment les choses doivent être. Le projet existe depuis le moment où j'y travaille jusqu'au moment où il aboutit. Chaque jour le confirme. Pour ceux qui font des programmes, le jour présent ne compte pas, il ne fait que raccourcir la distance avec le moment où peut-être ils pourront l'appliquer. Le parti socialiste ne crée un club de discussion que pour rallier des gens à son programme et se coupe ainsi de tout projet.

Penser la politique en terme de projet implique un certain éclatement, souhaitable si l'on ne veut pas que la démocratie représentative se coupe tout à fait du corps social et devienne fictive. Isolée de la France réelle, la démocratie représentative est condamnée à bricoler pour dompter un bateau fou. Le FN n'a aucun député à l'Assemblée et se nourrit de cette humiliation. Il faut cesser de sacraliser la démocratie formelle et éviter la question de son essence, le protagonisme populaire. Le suffrage universel est une condition nécessaire mais jamais suffisante de la vie démocratique. L'alternative est aujourd'hui une réalité : des millions de personnes agissent, sans répondre à un axe central. Parfois ces projets peuvent s'appuyer sur un programme électoral, parfois ils s'y opposent. La question du vote n'est pas décidable dans l'absolu mais c'est une grossière erreur d'y voir un enjeu central et unique. L'important est de faire barrage au pire lorsqu'il menace. Il faut inventer d'autres expériences politiques en se rendant aux urnes chaque fois que nécessaire. J'avais espéré que le parti des Verts rassemblerait des projets, accueillerait des mouvances et ne se réduirait pas à un programme électoral. Mais aucun parti politique ne fonctionne ainsi. Le monde politique est en revanche directement influencé par ce qui se passe dans la société civile. On peut toujours perfectionner les institutions, les modes électoraux, mais le moteur du changement demeure dans les mouvements de la base. Le changement vient d'en face.

Le chantage au pire ne peut pas orienter seul notre vie politique. Face à la situation actuelle, la gauche a deux solutions : investir dans le programme, appuyer sur sa différence avec la droite, promettre d'appliquer le néolibéralisme en douceur, ou chercher à articuler son travail avec d'autres protagonistes sociaux. D'où pourra-t-elle puiser la force d'inventer une autre politique si elle se coupe de tous les projets en jeu actuellement ? De quelle puissance se nourrira-t-elle lorsqu'elle sera au pouvoir ? La question est de savoir si la gauche est prête à assumer le défi historique qui se présente à elle.

La politique est devenue le lieu d'une fausse transcendance qui s'est appropriée les restes des transcendances déchues. Je ne fais que paraphraser Jean Petito qui met en évidence cette nouvelle théologie politique : « Le surinvestissement du politique a transformé l'immanence sociale en une quasi-transcendance qui s'approprie les dépouilles des autres transcendances pratiques et qui voudrait s'approprier également la transcendance objective des sciences. Il a fait du social le lieu d'une nouvelle synthèse autothéologique entre la raison théorique et la raison pratique, dans le cadre d'une nouvelle économie du salut. » Lorsque les élections approchent, cette transcendance de plastique se remet en place. Les voix, les réunions de quartier, les distributions de tracts sont les offrandes qu'on lui fait alors. Ce sacrificiel désacralisé cache une aporie qui nous est terrible : jamais cette instance ne pourra résoudre les problèmes qu'on évoque dans ces réunions, nos plaintes s'adressent à ceux qui seront au mieux les gestionnaires démocratiques de nos vies. Nous sommes condamnés à constater que l'idole ne répond plus. Le deuil est forcément douloureux : nous n'avons pas sonné à la bonne porte.

RENVOIS : POLITIQUE, PROTAGONISME

Table des matières

C

D

E

F

G

H

I

O

P

R

S

Imprimé en France. - JOUVE, 11, bd de Sébastopol, 75001 PARIS
N° 357521B. - Dépôt légal : octobre 2004